21世纪应用型本科会计系列规划教材

Qiye Kuaiji Shixun Jiaocheng

企业会计实训教程

（第三版）

占慧莲　张梦梦　主编

东北财经大学出版社
Dongbei University of Finance & Economics Press
大连

图书在版编目（CIP）数据

企业会计实训教程 / 占慧莲，张梦梦主编．—3版．—大连：东北财经大学出版社，2021.1

（21世纪应用型本科会计系列规划教材）

ISBN 978-7-5654-3870-7

Ⅰ．企… Ⅱ．①占… ②张… Ⅲ．企业管理-会计-高等学校-教材 Ⅳ．F275.2

中国版本图书馆CIP数据核字（2020）第085893号

东北财经大学出版社出版

（大连市黑石礁尖山街217号 邮政编码 116025）

网 址：http://www.dufep.cn

读者信箱：dufep@dufe.edu.cn

大连东泰彩印技术开发有限公司印刷 东北财经大学出版社发行

幅面尺寸：185mm×260mm 字数：218千字 印张：13.25

2021年1月第3版 2021年1月第1次印刷

责任编辑：孙晓梅 责任校对：肖 眉

封面设计：冀贵收 版式设计：钟福建

定价：42.00元

教学支持 售后服务 联系电话：（0411）84710309

如有印装质量问题，请联系营销部：（0411）84710711

第三版前言

会计实训教程处于实训教学体系的基础地位，实训教材的结构、内容直接影响实训教学的有序展开和实训教学目标的实现。为满足社会对会计人才专业适应能力的需求，我们基于新的经济环境和新的经济政策，采用从企业搜集来的最新票据模板，组织编写了这本教程。

为了提高学生会计技能操作水平和应用财务软件处理会计业务的能力，本教程以企业实际发生的业务为蓝本，设计了手工实训部分和财务软件实训部分；为提高学生的认知能力，在本教程的第一部分介绍了企业常设岗位职责及其常用单据；为保证实训资料的适用性，并能给学生操作予以适当的提示，我们在最后提供了参考答案，以保证本教程的时效完整、全面适用、系统综合。

2017年，我国一般纳税人增值税税率由四档变为三档，取消了16%这一档税率。2019年，我国实施更大规模的减税，深化增值税改革。此次调整后，增值税税率变为13%、9%和6%三档。本次修订，我们根据新修订的企业会计准则和税法更新了资产负债表、利润表、增值税纳税申报表等表格，改正了有关的税率和计算结果，增加了部分相关材料，修改了错漏之处。

本教程由张梦梦讲师负责编写实训岗位知识、手工实训部分和企业会计实训答案，由占慧莲教授负责全书的统撰、试用、润色和会计电算化实训部分的编写。

由于编者水平有限，书中难免有错漏之处，恳请广大教师和学生在使用过程中给予批评指正，以便我们及时修订。我们的邮箱：1327610710@qq.com，谢谢。

编　者

2021年1月

目　录

第一章 实训岗位介绍

一、出纳岗位

（一）出纳岗位职责

出纳岗位主要负责货币资金的收、付款业务，现金保管，有价证券保管，定期与银行对账，到银行办理各种业务。

本岗位需要了解出纳工作流程、出纳职责、工作交接等相关内容，熟悉与现金、银行存款收支业务有关的凭证，能够准确填制记账凭证，进行现金与银行存款的序时与总分类核算，根据经审核无误的会计凭证逐笔登记“银行存款日记账”与“库存现金日记账”，做到日清日结或日清月结。

（二）出纳岗位常用单据

1.现金支票

支票是单位或个人签发的，委托办理支票存款业务的银行在见票时无条件支付确定的金额给收款人或者持票人的票据。

支票结算方式适用于单位和个人在同一票据交换区域的各种款项结算。凡在银行开立账户的单位和个人经开户银行同意，均可以使用支票。支票上印有“现金”字样的为现金支票，现金支票只能用于支取现金。

现金支票的有效期限为10天。有效期从签发的次日算起，到期日遇节假日顺延。过期支票银行不予受理，支票自动作废。签发人必须在银行账户余额内向收款人签发支票，不准签发空头支票或印章与银行预留印鉴不符的支票。

2.转账支票

转账支票既可以转账，又可以支取现金。转账支票的有效期限为10天。有效期从签发的次日算起，到期日遇节假日顺延。过期支票银行不予受理，支票自动作废。签发人必须在银行账户余额内向收款人签发支票，不准签发空头支票或印章与银行预留印鉴不符的支票；否则，银行除退票外，还要按票面金额处以5%但不低于1 000元的罚款。持票人有权要求出票人赔偿支票金额2%的赔偿金。

3.汇兑

汇兑结算方式适用于异地的单位或个人之间的各种款项结算，其具有划拨款项简单、灵活的特点。汇兑按划款的方式不同分为信汇和电汇两种，由汇款人根据需要选择使用。

（1）信汇，是指汇款人委托银行通过邮寄方式将款项支付给收款人。采用信汇方式，出纳员应填制信汇凭证。信汇凭证一式四联：第一联为回单，是汇出行受理信汇凭证后给汇款人的回单；第二联为支款凭证，由汇出行作为付出凭证（借方凭证）；第三联为收款凭证，是汇入行将款项转入收款人账户后的贷方凭证；第四联为收款通知或取款收据，是收款人的收款通知，或让收款人凭以领取款项的取款收据。

（2）电汇，是指汇款人委托银行通过电报将款项划给收款人。采用电汇方式，出纳员应填制电汇凭证。电汇凭证一式三联：第一联为回单，是汇出行给汇款人的回单；第二联为支款凭证，由汇出银行作付出传票（借方凭证）；第三联为汇款依据，由汇出银行凭以拍发电报。

汇兑结算没有起点的限制，即不论金额多少都可以办理信汇和电汇结算。

4.银行进账单

银行进账单是持票人或收款人将票据款项存入收款人银行账户的凭证，也是银行将票据款项记入收款人账户的凭证。

银行进账单一般为三联式，持票人应按照规定使用进账单：第一联是给出票人的回单，第二联是银行留存记账的贷方凭证，第三联是给持票人的收账通知。持票人填写银行进账单时，必须清楚填写票据种类、票据张数、收款人名称、收款人开户银行及账号、付款人名称、付款人开户银行及账号、票据金额等栏目，并连同相关票据一并交给银行经办人员。

进账单可以与支票配套使用，即一张进账单既可以填写一张支票，也可以填写多张支票（不超过4笔）。汇总金额后填写一张进账单，即允许办理一收多付。进账单上收款人名称、账号、金额等内容应据实填列，不得涂改。

5.现金存款凭证

现金存款凭证是企业将现金存入银行账户的书面证明。现金存款凭证一式二联：第一联为回单联，银行办妥入账手续签章后交还企业记账用；第二联为贷方凭证，银行留存记账。填写时要写清收款人的全称、账号及开户行，同时要注明款项来源，在“现金张数”一栏，要将现金按不同券别的张（枚）数、金额填写清楚，与总金额核对一致。银行工作人员核实并取得现金后，在凭证上盖章并将回单联退还缴款人。

6.银行存款余额调节表

银行存款余额调节表是在银行对账单余额与企业账面余额的基础上，各自加上对方已收、本单位未收账项数额，减去对方单位已付、本单位未付账项数额，以调整双方余额使其一致的一种调节方法。

即使企业记账和银行记账都没有错误，“银行存款日记账”的余额和“银行对账单”的余额也往往不一致。这种不一致是由于存在未达账项而形成的。如果银行存款余额调节表的结果显示双方账目余额相等，一般说明双方记账没有差错。如果调节后双方账目余额不相符，则说明账簿记录有差错，出纳员应进一步查明原因，予以更正，但在收、付款的原始凭证尚未送达之前，出纳不必调整“银行存款日记账”的账面记录。

7.库存现金盘点表

若库存现金实有数比“库存现金日记账”余额溢余，即发生了长款；若库存现金实有数比“库存现金日记账”短缺，即发生了短款。出纳员在确认了长、短款后，应填制“库存现金盘点表”，它是反映库存现金实有数和调整账簿记录的重要原始凭证。

如果清查盘点的实际库存现金与账面余额不相符，应查明原因，并做出妥善处理。

在未查明原因之前，首先要调整现金账面记录。若出现现金长款，应借记“库存现金”账户，贷记“其他应付款——现金长款”账户。若出现现金短款，应借记“其他应收款——现金短款”账户，贷记“库存现金”账户。待查明原因后，再作相应的账务处理。

二、记账员岗位

（一）记账员岗位职责

记账员岗位职责主要包括按照国家统一会计制度的规定和本单位会计业务的需要设置会计账簿、选择账簿样式；按规定启用会计账簿，办理账簿管理、使用的有关事宜；根据经审核无误的会计凭证和登记账簿的基本要求登记会计账簿；实行会计电算化，使用计算机打印的会计账簿必须连续编号，经审核无误后装订成册，并由记账人员和会计机构负责人、会计主管人员签字或盖章；账簿记录发生错误，必须按照规定的方法进行更正，不准涂改、挖补、乱擦或者用药水消除字迹，不准重新抄写；按照规定定期结账，遵守记账、结账规范，进行账簿间的核对，做到账证、账账相符；按规定经允许提供会计账簿资料。

本岗位需要了解记账员岗位的内容与职责，了解总账、明细账的类型，掌握明细账与总账的登记方法，掌握记账规则；能够根据经审核无误的会计凭证准确登账，并能熟练掌握对账、结账的操作流程。

记账员在一个企业的会计部门中具有一定的地位，有的企业单设记账员，有的企业的记账工作由各岗位会计完成。各单位可根据本单位实际情况自行设定各核算岗位。

（二）记账员岗位常用单据

1.账本面

该单据是账簿面壳，是订在账页外面保护、包围里面纸张的，一般质地较厚，左侧有螺丝与后面壳以及中间的账页纸一起固定起来。其上面壳上可以写明公司名称、账本类型，以及所属年度等。

2.账簿启用表

账簿启用表是在启用该账簿时填写相关信息的表格。在账簿启用表中应写明的内容有：单位名称、账簿名称、账簿编号和启用日期；在“经管人员”一栏中写明经管人员姓名、职别、接管或移交日期，由会计主管人员签名盖章，并加盖单位公章。

3.目录

目录是为了方便查账而设的有关科目所在的账本位置。

4.三栏式账簿

三栏式明细分类账是设有借方、贷方和余额三个栏目，用以分类核算各项经济业务，提供详细核算资料的账簿。其格式与三栏式总账格式相同，适用于只进行金额核算的账户，设有“借、贷、余”三个基本栏次，但一般不设置反映对应科目的栏次。三栏式明细分类账由会计人员根据经审核无误的记账凭证或原始凭证，按经济业务发生的时间先后顺序逐日、逐笔进行登记。

三栏式账簿适用于只需要进行金额核算，不需要进行数量核算的结算类科目的明细分类核算，如对“应收账款”账户、“应收票据”账户、“预收账款”账户、“应付账款”账户、“预付账款”账户等总账科目的明细分类核算，就可采用三栏式明细账进行。

库存现金日记账和银行存款日记账可以采用三栏式和多栏式，但一般采用三栏式。此外，总账也采用三栏式。

账页内容一般包括年月日、经济业务摘要、借方金额、贷方金额、余额、总页数、分页数以及子目等，按要求填写即可。

5.多栏式明细分类账

多栏式明细分类账是在账簿的两个基本栏目即借方和贷方按需要分设若干栏的账簿。收入、费用明细账一般采用这种格式的账簿。

多栏式明细分类账是由会计人员根据经审核无误的记账凭证或原始凭证逐笔登记的，是将属于同一个总账科目的各个明细科目合并在一张账页上进行登记。多栏式明细账适用于对金额进行分析的有关费用成本、收入成果类科目的明细分类核算，如对“主营业务收入”账户、“管理费用”账户、“销售费用”账户、“生产成本”账户等总账科目的明细核算。

借方多栏式明细分类账的账页格式适用于借方需要设多个明细科目或明细项目的账户，如“生产成本”账户、“制造费用”账户、“管理费用”账户、“销售费用”账户和“营业外支出”账户等。

贷方多栏式明细分类账的账页格式适用于贷方需要设多个明细科目或明细项目的账户，如“主营业务收入”账户和“营业外收入”账户等。

借方贷方多栏式明细分类账的账页格式适用于借、贷方均需要设多个明细科目或明细项目的账户，如“本年利润”账户。

6.数量金额式明细分类账

数量金额式明细分类账的借方（收入）、贷方（发出）和余额（结存）都分别设有数量、单价和金额三个专栏。数量金额式明细分类账适用于既进行金额核算又进行数量核算的各种财产物资类科目的明细分类核算，如对“材料采购”账户、“原材料”账户、“周转材料”账户、“库存商品”账户等总账科目的明细分类核算。数量金额式明细分类账由会计人员根据经审核无误的记账凭证或原始凭证，按经济业务发生的时间先后顺序逐日、逐笔进行登记。

三、成本费用岗位

（一）成本费用岗位职责

成本费用岗位需要根据《企业财务通则》《企业会计准则》以及本行业的财务制度和会计制度的有关规定，结合本单位生产经营的特点和管理需要，为拟定本单位的成本、费用核算办法提供资料；根据本单位生产经营、事业发展计划和降低成本、费用的任务，将其制表分解，层层落实，建立责任成本体系，拟定成本、费用核算办法；积极会同有关部门，建立健全各项原始记录、定额管理和计量检验等制度，为正确制订成本、费用计划，加强成本、费用管理提供可靠依据；认真贯彻真实性原则，对企业、事业单位在营运过程中发生的费用进行分类、审核、记录、归集和分配；认真贯彻本行业的财务制度和成本、费用核算有关规定，正确掌握成本、费用开支范围和开支标准；认真进行成本、费用开支的审核，严格控制成本、费用，促进生产节约、增收节支，提高企业、事业单位的经济效益；定期检查成本、费用核算工作，发现问题及时上报有关领导，并协助解决；保管好各种会计凭证、账簿、报表及有关资料，防止丢失或损坏，按期装订，定期归档。

本岗位需要熟练掌握材料费用、工资福利费用、外购动力费用的归集与分配，制造费用的归集与分配，辅助生产费用的归集与分配，能准确进行各项费用的账务处理，编制产品成本计算单并登记生产成本明细账。

（二）成本费用岗位常用单据

1.出库单

销售产成品等存货时需要填写出库单。出库单反映存货销售的出库情况，管理存货的出货数量，核算存货的出库成本。

营业部门到仓库提货时，需要填写要货通知单，并需经主管领导签字盖章；当仓库保管人员接到营业部门的要货通知单时，需进行审核，审核完毕后填制出库单，并备齐商品。出库单一式三联（也有一式四联）：第一联为存根联（黑色），留仓库保管人员备查；第二联为记账联（红色），留会计部门作为出库材料核算依据；第三联为回执联（绿色），对方作为出库材料依据。

2.发料汇总表

发料汇总表属于汇总原始凭证，材料会计根据各部门到仓库领用材料时填制的领料单，按会计核算需要进行整理、归类，按旬（或月）汇总，每月编制一份，送交会计部门做账务处理。发料汇总表既可以提供经营管理的总量指标，又可以用来统计各种发料情况，进行产品成本核算。发料汇总表与领料凭证汇总表有很多相似的地方，只是侧重点不同。发料汇总表主要反映每月发出各种材料的合计数，而领料凭证汇总表反映各个领料部门领取的材料合计。

3.领料单

领料单是自制原始凭证。为了便于进行凭证整理和分类汇总，领料单要“一料一单”填制，即一种原材料填写一张单据。领用原材料需经部门负责人批准，领料人、发料人、保管人均需在领料单上签章，无签章或签章不全的均属无效，不能作为记账的依据。

在经济业务发生或完成时，领料单由经办人填制，一般只反映一项经济业务或者同时反映若干项同类性质的经济业务。企业、车间或部门从仓库中领用各种材料，都应履行出库手续。

领料单一式三联：第一联为存根联，留领料部门备查；第二联为记账联，转会计部门或月末经汇总后转会计部门据以进行总分类核算；第三联为回执联，留仓库据以登记材料物资明细账和材料卡片。

4.领料凭证汇总表

领料凭证汇总表属于汇总原始凭证。材料会计以各领料部门为对象，根据各部门到仓库领用材料时填制的领料单，按月（或旬）汇总各部门领用材料的情况，送交会计部门做账务处理。领料凭证汇总表与发料汇总表有很多相似的地方，只是侧重点不同。领料凭证汇总表按领料部门划分，反映各个领料部门领取的材料情况；而发料汇总表主要是按材料的类别划分，反映每月各种材料的发出情况。

四、材料会计岗位

（一）材料会计岗位职责

材料会计岗位要求熟悉有关财务会计法规，会同有关部门制定本单位的材料核算与管理办法；确定合理的材料存货定额，掌握材料动态；做好材料储备控制；筹措采购资金，审核采购用款计划；搞好材料的日常核算和管理工作；负责材料的稽核工作；负责材料销售业务核算，按时缴纳税金；搞好委托加工材料的审核和管理工作；参与材料的清查盘点工作。

本岗位需要掌握材料入账价值的确定，材料按实际成本和计划成本核算的收、发、结存的核算流程，材料发出采用的各种计价方法的核算程序，月末盘点材料的处理方式以及低值易耗品的取得、摊销。

（二）材料会计岗位常用单据

1.出库单（同成本费用岗位）

2.入库单

购进商品、材料，以及产成品入库时需要填写入库单。物品运达后，采购部验收人员检查数量和搬运毁损情况并进行质检，填写入库单，仓库负责人审核确认数量。

入库单一式三联：第一联为存根联（黑色），仓库留存；第二联为入库联（红色），交给采购部门备查；第三联为记账联（绿色），交给会计部门审核入账。

3.领料单（同成本费用岗）

4.收料单

收料单是企业购进材料验收入库时，由仓库保管人员根据购入材料的实际验收情况填制的一次性原始凭证。企业外购材料，都应履行入库手续，由仓库保管人员根据供应单位开来的发票和账单，严格审核，对运达入库的材料认真计量，并按实收数量认真填制收料单。

收料单一式三联：第一联留仓库（黑色），据以登记材料物资明细账和材料卡片；第二联为记账联（红色），随发票和账单交会计部门报账；第三联交采购人员存查（绿色）。

5.存货盘点报告表

存货盘点包括原料、物料、在制品、产成品、下脚料的盘点。存货原则上应进行全面盘点，如因成本计算方式无须全面盘点，或实施上有困难，应呈报总经理后方可改变盘点方式。盘点一般流程如下：

（1）仓库物资管理部门（仓库主管）下发仓库物资盘点通知，并做好盘点准备工作；

（2）财务人员和仓管人员对需盘点的存货进行账面确认，必须在账账相符的前提下才能盘点；

（3）盘点时，仓管人员和财务人员应当独立记录，经核对双方记录数一致后，才能确认为盘点数；

（4）盘点结束后，应当整理盘点资料（即盘点表），并由参与盘点的人员在盘点表上签字确认，同时上报属地行政负责人签字确认；

（5）仓库物资管理部门根据有关惩处制度对盘点结果出现的盘盈或盘亏提出处理意见，并按财务审核审批管理制度的规定流程上报审批；

（6）财务人员和仓管人员对盘点结果出现的盘盈或盘亏进行账务处理（调整），仓管人员的账务处理应当在财务人员的指导下进行；

（7）财务部门应根据盘存表编制存货盘点报告表。

存货盘点报告表一式三联：第一联送经管部，填列差异的原因说明及对策；第二联转送总经理室签核；第三联自存财务部门作为账面调整的依据。

6.增值税专用发票

增值税专用发票是由国家税务总局指定的企业印制的，只限于增值税一般纳税人领购使用，是纳税人反映经济活动的重要会计凭证，也是销货方履行纳税义务和购货方抵扣进项税额的合法证明，是增值税计算和管理中重要的、合法的专用发票。

按照国家税务总局的规定，所有增值税一般纳税人如果需要使用增值税专用发票，必须使用防伪税控系统开具。因此，增值税专用发票使用对象只能是安装了防伪税控系统的增值税一般纳税人。

增值税专用发票可以认证进行税额抵扣。增值税专用发票基本联次为三联：第一联为记账联，销售方作为记账凭证；第二联为抵扣联，购买方作为扣税凭证；第三联为发票联，购买方作为记账凭证。

五、往来业务岗位

（一）往来业务岗位职责

（1）按照国家有关制度的规定，负责对购销收支以外的应收应付、暂收暂付往来款项等建立必要的管理制度。

（2）企业、事业单位应做好往来款项的明细核算，正确使用会计科目，按规定设置必要的明细账，做到记账清楚，余额准确，账表相符，并按规定编报季度、年度的债权、债务方面的报表。

（3）企业、事业单位应定期进行其他应收款、其他应付款等账款的清查核对，在年末编制报表前，要普遍进行清查，编制清查报告。若发现问题，应查明原因，并针对问题和原因提出加强往来款项管理的建议和措施。

（4）《企业会计准则》规定，允许企业提取坏账准备，企业对应收款项可以按规定方法和比例计提坏账准备，处理相关账务。事业单位要按规定及时处理坏账，并采取措施避免、减少坏账损失。

本岗位需要熟悉企业往来结算业务的核算程序与方法、往来业务核算的总账和明细账的登记与核对，以及坏账准备的计提、发生坏账的确认和进行账务处理的方法。企业往来业务涉及“应收账款”“应付账款”“应收票据”“应付票据”“其他应收款”“其他应付款”等账户，是会计核算业务中核算量大、要求高的一个会计核算岗位。

（二）往来业务岗位常用单据

1.商业承兑汇票

商业承兑汇票是由出票人签发的，由银行以外的付款人承兑，委托付款人在指定日期无条件支付确定的金额给收款人或者持票人的票据。

商业承兑汇票的出票人为在银行开立存款账户的法人以及其他组织，与付款人具有真实的委托付款关系，具有支付汇票的可靠资金来源，且必须具有真实的交易关系或债权、债务关系，才能使用商业承兑汇票。

商业承兑汇票的承兑期限由交易双方商定，最长不得超过6个月。如果分期付款，应一次签发若干张不同期限的商业承兑汇票。商业承兑汇票到期后，一律通过银行办理转账结算，银行不支付现金。其提示付款期限为自汇票到期日起10日内。

商业承兑汇票由收款人签发后交付款人承兑或由付款人签发并承兑。商业承兑汇票一式三联：第一联为卡片联，第二联为汇票联，第三联为存根联。付款人在商业承兑汇票第二联正面签署“承兑”字样，填写承兑日期并加盖银行预留印鉴后，将汇票交收款人收执，第一、第三联由付款人留存备查。

2.转账支票（同出纳岗位）

3.差旅费报销单

差旅费报销单是员工出差回来报销费用的单据，属于单位内部自制原始凭证。

差旅费报销单要求使用人按规定填写，内容要逐项填写齐全，不得遗漏和省略；手续要完备，各相关责任人要审核签字或盖章。此单由会计部门留存，据以登记部门费用开支，是记账依据。

4.坏账准备计提表

坏账准备计提表是企业在计提坏账准备时用于计算应计提的坏账准备的自制计算表。它一般包括五部分：应收账款余额、计提比率、应提额、账面已提和实际计提额。

5.托收凭证

托收凭证是开户单位用于办理托收承付和委托收款时使用的凭证。结算款项按划回方式，分为邮划和电划两种，由收款人选用。

托收承付是根据购销合同由收款人发货后委托银行向异地付款人收取款项，由付款人向银行承认付款的结算方式。办理托收承付的结算款项必须是商品交易，以及因商品交易而产生的劳务供应的款项。收付双方使用托收承付结算必须签有符合法律规定的购销合同，并在合同上订明使用托收承付结算方式。收款人办理托收，必须具有商品确已发运的证件。

委托收款是收款人委托银行向付款人收取款项的结算方式。单位和个人凭已承兑商业汇票、债券、存单等付款人债务证明办理款项的结算，均可以使用委托收款结算方式。委托收款在同城、异地均可以使用，具体程序是：

（1）收款人填写委托收款凭证一式五联，连同相关单据送交开户银行。

（2）开户银行审查无误后，将第一联受理回单加盖业务公章后退给收款人；第二联收款人开户银行作贷方凭证留存，须盖收款单位财务专用章和法人章；第三联付款人开户银行作借方凭证加盖结算专用章。第三联至第五联要寄交付款人开户行。

（3）付款人同意付款或付款期满，付款人开户行根据第三联借方凭证作付款处理，将第四联寄交收款人开户行或根据第四联发送电子报文至收款人开户行。

（4）收款人开户行收到第四联或电子报文后，根据第二联贷方凭证予以入账。

（5）收款人开户行将第四联收款通知交给收款人。

6.增值税普通发票

增值税普通发票就是将除商业零售以外的增值税一般纳税人纳入增值税防伪税控系统开具和管理，也就是说，一般纳税人可以使用同一套增值税防伪税控系统开具增值税专用发票、增值税普通发票等，俗称“一机多票”。

增值税普通发票不可以认证进行进项税额抵扣，在开具时，增值税普通发票只需填写购货人名称就可以了。增值税普通发票基本联次为两联：第一联为记账联，销售方用作记账凭证；第二联为发票联，购买方用作记账凭证。

六、固定资产岗位

（一）固定资产岗位职责

固定资产岗位需要会同有关部门拟定固定资产管理制度与核算办法；组织本单位固定资产核算；协助有关部门加强固定资产管理，定期与其对账，使账账相符；负责固定资产的明细核算；加强对固定资产折旧与修理的管理与核算，确保固定资产的安全与完整；会同有关部门定期对固定资产进行盘点，确保固定资产账实相符；定期组织分析固定资产的使用效果。

本岗位要求明确固定资产增加、减少的明细分类核算和折旧计提的核算方法；掌握不同方式固定资产增加、减少的会计处理，采用不同方法计提固定资产折旧及进行相应的账务处理；能够熟练审核原始凭证并根据经审核无误的原始凭证填制记账凭证，并能登记固定资产明细账。固定资产在企业资产中占很大比例，作为一种劳动资料，其核算是非常重要的。

（二）固定资产岗位常用单据

1.固定资产验收单

企业通过外购、自建、接受投资或捐赠等方式增加固定资产时，新增固定资产收到后，需由资产管理部门、财务部门等相关部门共同验收，以便入账并加强企业的固定资产管理，在验收过程中需填写固定资产验收单。

固定资产验收单一般一式三份，应写明固定资产的名称、规格、型号、金额、供货厂商，并对固定资产编号；一份由使用部门留存，一份交财务部门进行相应账务处理，一份交资产管理部门填写固定资产卡片。

2.固定资产报废单

固定资产报废单是企业内部根据实际报废的固定资产填写的内部单据，无固定格式，按项目内容填写。一般情况下，该单据一式三联：一联送清理部门执行，一联送会计部门核算，一联使用部门自存。固定资产报废时，应由固定资产使用部门或保管部门填制固定资产报废单，经批准后对该固定资产进行报废清理。固定资产报废包括以下情况：固定资产已达到使用期限，并经确定已失去使用功能；固定资产未达到使用期限，但因技术进步已列入同类产品淘汰范围；固定资产由于自然灾害、不可抗力等原因毁损而无法修复；固定资产因被盗而无法找回等。

3.固定资产盘盈盘亏报告表

为保证固定资产的安全、完整以及固定资产核算的真实性，做到账实相符，企业应当定期对固定资产进行清查或抽查。每年编制财务报告前，应当对固定资产进行全面清查。对清查中盘盈、盘亏的固定资产，应当查明原因，编制固定资产盘盈盘亏报告表，报经主管部门审批，在期末结账前处理完毕。固定资产盘亏是指在固定资产清查时发现的，固定资产盘点实物少于账面应有数的情况。对盘亏的固定资产，必须查明原因，并在固定资产盘盈盘亏报告表内填列固定资产编号、名称、型号、数量、原值、已提折旧、短缺毁损原因等，按照规定上报。经批准进行账务处理后，将固定资产卡片注销，连同固定资产盘盈盘亏报告表一并归档保管。固定资产盘盈是指在固定资产清查时发现的，固定资产盘点实物多于账面应有数的情况。对盘盈的固定资产，要查明原因，并在固定资产盘盈盘亏报告表内填列固定资产编号、名称、型号、数量、原值、已提折旧、盘盈原因等，按照规定上报。对于管理规范的企业而言，在清查中发现盘盈的固定资产是比较少见的，也是不正常的。固定资产是一种单位价值较高、使用期限较长的有形资产，固定资产盘盈会影响财务报表使用者对企业以前年度财务状况、经营成果和现金流量的判断。

4.固定资产折旧计算表

固定资产折旧计算表用于计算固定资产本期应计提的折旧额，反映企业固定资产折旧计提的具体情况，其内容包括各项固定资产的本期计提折旧、原值以及计提折旧总额等。固定资产折旧计算表是企业内部使用表格，没有固定的格式。有的企业固定资产数量繁多，因而对固定资产分类别设置折旧计算表；有的企业固定资产数量较少，则针对每项固定资产分别统计折旧情况。

5.固定资产投资转移单

固定资产投资转移单是当土地、房屋及建筑物、运输设备、其他设备等固定资产发生调拨、转移等情况时所需填制的单据，用以记录固定资产转移的具体情况，其内容主要包括固定资产的名称、数量、转移原因、已计提折旧、转出单位、转入单位等。固定资产投资转移单一般一式四联，会同管理部门签章后，送移入部门签字确认（管理部门不同时，要加印一联，移入管理部门同时签字确认）；第一联送管理部门（管理部门不同时，影印联送移入管理部门转记入固定资产登记卡），第二联送会计部门，第三联送移入部门，第四联送移出部门。固定资产投资转移单可用于企业内固定资产的闲置、封存及不同部门间的调配，也可用于企业与企业之间的固定资产置换。

七、工资核算岗位

（一）工资核算岗位职责

工资核算岗位必须根据公司批准的报酬分配方案，负责审定各类员工的薪资标准和奖金发放标准；负责定期或不定期的全公司工资调整工作，以及因试用、转正、转岗、升降职、退休和奖励带来的个别员工工资变动；负责员工考勤、调休、请假、加班管理与统计，按考核规定具体审定各部门职工月工资以及季度、年度奖金和津贴的发放；根据国家有关法规和政策，审定劳保、医疗、养老、失业和福利等项目和支出水平，为各有关人员办理相应的手续；按照《企业会计准则》的规定，设置“应付职工薪酬”账户，对职工薪酬的计提（分配）和结算进行明细核算，并及时编制有关报表；在财务负责人的指导下，编制年度职工薪酬计划，并定期对计划执行情况进行分析。

本岗位要了解工资总额的构成、计时工资与计件工资的计算，熟悉应付工资与实发工资的计算，掌握工资核算的程序和方法；掌握工资结算表、工资分配表的编制方法；掌握工会经费、职工教育经费的计提与使用的账务处理方法；掌握工资提取、发放、代扣款项的账务处理方法。

（二）工资核算岗位常用单据

1.工资结算表

在实际工作中，企业发放职工工资、办理工资结算是通过编制“工资结算表”来进行的。工资结算表又称工资表，是按车间、部门编制的，每月一张。

工资表属于单位内部单据，没有固定格式。

2.工资分配表

工资分配表是企业在月末汇总工资的基础上，按受益对象，将其分配计入成本费用所使用的表格。例如，采用计时工资形式支付的工资，如果某生产车间只生产一种产品，不需要分配；如果生产多种产品，则需要采用适当的分配方法，在各种产品之间进行分配。工资分配表在每个企业的形式都不一样，属于企业内部单据，无固定格式。

3.工资结算汇总表

工资结算汇总表由财会部门或劳动工资部门，根据经审核无误的各部门的工资单进行汇总。审核工资单各部门的人数与基本工资是否真实，可同劳动人事部门掌握的资料进行核对；审核工资单应付工资总额和实发金额计算是否准确；审核工资结算汇总表各栏汇总金额是否准确，纵栏“实发金额”相加之和是否等于横栏“合计”的“实发金额”。本表单为单联式，由财会人员根据工资单汇总填制，作为工资支出账户处理的附件。

4.工资费用分配汇总表

工资费用分配汇总表为单联式企业内部自制凭证，由财会人员根据工资结算汇总表和工资结算表填制，作为企业成本计算和账务处理的依据。

5.工会经费、职工教育经费计提表

工会经费、职工教育经费计提表为单联式自制原始凭证，由财会人员根据工资结算汇总表计算填制，作为提取工会经费、职工教育经费账务处理的原始凭证。计提基数为工资总额，比例分别为2%和8%（必须是实际拨交和实际发生的，会随工资政策发生变动）。

八、财务成果岗位

（一）财务成果岗位职责

财务成果岗位职责主要包括熟悉并掌握有关利润方面的制度规定，如实反映企业利润的形成、分配情况；根据企业目标利润和本单位的销售计划、成本计划，事业单位发展目标和收支计划等资料，按年、按季、按月编制利润、收益计划，并落实到有关部门，经常督促检查，保证利润、收益指标的实现；办理销售、收入款项和结算业务；货款收回、收入收讫，按规定及时、正确填制记账凭证，并进行账务处理；负责销售和利润、收益的明细核算；及时清理、收回销售货款和应收收入，对长期拖欠货款、收入造成的坏账损失，应按有关规定进行坏账损失的账务处理；编制利润表和利润分配表，进行利润、收益分析和考核；协助有关部门对产品成本进行盘点。

本岗位要求了解财务成果会计岗位的职责，了解企业销售的内容和利润的构成，明确收入与费用的配比关系，掌握收入的确认、费用的计量，掌握销售明细账的设置与登记及销售收入、销售成本的账务处理，掌握利润的计算和利润分配的核算程序和方法。

（二）财务成果岗位常用单据

1.坏账准备计提表

同往来岗位。

2.所得税费用计提单

所得税费用计提单是企业在根据息税前利润乘以企业对应的所得税税率得出所得税而自制的一种计算表。它一般包括五部分：总利润、纳税调整、应纳税所得额、所得税税率、应纳所得税税额。

3.提取盈余公积明细表

提取盈余公积明细表是企业在根据净利润乘以企业相对应的提取百分比得出相应提取数而自制的一种计算表。它包括本年利润、提取百分比、提取数三部分。

九、资本金核算岗位

（一）资本金核算岗位职责

资本金核算岗位职责包括资金的取得渠道以及投资者投入货币资金及实物、无形资产等业务的核算；从银行借入借款并预提利息、归还本息的核算。

本岗位要了解其自身职责，掌握企业资金取得的渠道及相关业务核算，通过实操掌握资本金核算岗位关于投资者投入货币资金、实物资产、无形资产等的实务操作流程。

（二）资本金核算岗位常用单据

资本金核算岗位主要有“收据”“进账单”“固定资产投资入账单”“收料单”等原始单据，详见其他岗位。

十、财务报告岗位

（一）财务报告岗位职责

财务报告岗位需要按照国家统一会计制度的规定定期编制财务报告。对外报送的财务报告应当根据国家统一会计制度规定的格式和要求编制；会计报表应当根据登记完整、核对无误的会计账簿记录和其他有关资料编制，做到数字真实、计算准确、内容完整、说明清楚，会计报表之间、会计报表各项之间，凡有对应关系的数据应当相互一致，本期会计报表与上期会计报表之间有关的数字应当衔接，做到账表相符、表表相符；按照国家统一会计制度的规定认真编写会计报表附注及其说明，做到项目齐全、内容完整。

本岗位要了解其自身职责，了解会计报表的种类，明确编制资产负债表、利润表的理论依据，熟悉资产负债表、利润表的基本结构和填制资料来源，掌握对外报送会计报表的程序、要求和方法，掌握会计报表的简要分析方法。

（二）财务报告岗位常用单据

1.资产负债表

资产负债表，是反映企业在一定日期（通常为各会计期末）的财务状况（即资产、负债和所有者权益的状况）的主要会计报表。资产负债表利用会计平衡原理，将“资产、负债、所有者权益”交易科目分为“资产”和“负债及所有者权益”两大区块，经过分录、过账、分类账、总账、试算、调整等会计程序后，以特定日期的静态企业情况为基准，浓缩成一张报表。该报表可让所有阅读者于最短时间内了解企业经营状况，包含资产、负债和所有者权益三部分。

（1）资产：按流动性高低不同，分为流动资产和非流动资产两类。流动资产由货币资金、交易性金融资产、应收票据及应收账款、预付账款、其他应收款、存货和持有待售资产等项目组成；非流动资产由债权投资、长期应收款、长期股权投资、固定资产、无形资产和长期待摊费用等项目组成。

（2）负债：按流动性高低不同，分为流动负债和非流动负债两类。流动负债由短期借款、应付票据及应付账款、预收账款、应付职工薪酬、应交税费、其他应付款、持有待售负债等项目组成。非流动负债由长期借款、应付债券、长期应付款、预计负债、递延收益等项目组成。

（3）所有者权益：按所有者权益的来源不同，分为实收资本（或股本）、资本公积、盈余公积和未分配利润等项目。

2.利润表

（1）营业收入，由主营业务收入和其他业务收入组成。

（2）营业利润，营业收入减去营业成本、税金及附加、销售费用、管理费用、研发费用、财务费用、资产减值损失、信用减值损失，加上其他收益、投资收益、净敞口套期收益、公允价值变动收益和资产处置收益，即为营业利润。

（3）利润总额，营业利润加上营业外收入，减去营业外支出，即为利润总额。

（4）净利润，利润总额减去所得税费用，即为净利润。

（5）其他综合收益的税后净额，反映企业根据《企业会计准则》的规定未在损益中确认的各项利得和损失扣除所得税影响后的净额。

（6）综合收益总额，反映企业净利润与其他综合收益的合计金额。

（7）每股收益，普通股或潜在普通股已公开交易的企业，以及正处于公开发行普通股或潜在普通股过程中的企业，还应当在利润表中列示每股收益信息，包括基本每股收益和稀释每股收益两个指标。

3.现金流量表

现金流量表，是指反映企业在一定会计期间的现金和现金等价物流入和流出的报表。现金，是指企业库存现金以及可以随时用于支付的存款。现金等价物，是指企业持有的期限短、流动性强、易于转换为已知金额现金、价值变动风险很小的投资。企业的现金流量主要来源于企业的经营活动、投资活动和筹资活动。

（1）经营活动，是指企业投资活动和筹资活动以外的所有交易和事项。经营活动产生的现金流量至少应当单独列示反映的项目包括：销售商品、提供劳务收到的现金；收到的税费返还；收到其他与经营活动有关的现金；购买商品、接受劳务支付的现金；支付给职工以及为职工支付的现金；支付的各种税费；支付其他与经营活动有关的现金。

（2）投资活动，是指企业长期资产的购建和不包括在现金等价物范围内的投资及其处置活动。投资活动产生的现金流量至少应当单独列示反映的项目包括：收回投资收到的现金；取得投资收益收到的现金；处置固定资产、无形资产和其他长期资产收回的现金净额；处置子公司及其他营业单位收到的现金净额；收到其他与投资活动有关的现金；购建固定资产、无形资产和其他长期资产支付的现金；投资支付的现金；取得子公司及其他营业单位支付的现金净额；支付其他与投资活动有关的现金。

（3）筹资活动，是指导致企业资本及债务规模和构成发生变化的活动。筹资活动产生的现金流量至少应当单独列示反映的项目包括：吸收投资收到的现金；取得借款收到的现金；收到其他与筹资活动有关的现金；偿还债务支付的现金；分配股利、利润或偿付利息支付的现金；支付其他与筹资活动有关的现金。

除现金流量表反映的信息外，企业还应该在附注中披露将净利润调节为经营活动的现金流量，以及不涉及现金收支的重大投资和筹资活动、现金及现金等价物净变动情况等信息。

十一、稽核岗位

（一）稽核岗位职责

稽核岗位职责包括制定本企业会计制度，组织、领导财会部门工作，充当高层领导的财务管理助手；加强日常财务管理和成本控制，保证按时纳税，负责财产清查；搞好财务部门人力资源管理。

本岗位要了解其自身职责，掌握原始凭证、记账凭证、明细账、总账以及财务报表的稽核程序和方法。

（二）稽核岗位常用单据

1.存货盘点报告表

同材料会计岗。

2.增值税纳税申报表

一般纳税人适用，见表1-1。

表1-1　　　　　　　　　　　　**增值税纳税申报表**

（一般纳税人适用）

税款所属时间：自　　年　月　日至　　年　月　日　填表日期：　　年　月　日　　　　　金额单位：元至角分

纳税人识别号：□□□□□□□□□□□□□□□□□□□□　　　所属行业：

<table>
<tr><td>纳税人名称</td><td>（公章）</td><td>法定代表人姓名</td><td></td><td>注册地址</td><td></td><td>生产经营地址</td><td></td></tr>
<tr><td>开户银行及账号</td><td colspan="2"></td><td colspan="2">登记注册类型</td><td></td><td>电话号码</td><td></td></tr>
</table>

<table>
<tr><td colspan="2" rowspan="2">项目</td><td rowspan="2">栏次</td><td colspan="2">一般项目</td><td colspan="2">即征即退项目</td></tr>
<tr><td>本月数</td><td>本年累计</td><td>本月数</td><td>本年累计</td></tr>
<tr><td rowspan="10">销售额</td><td>（一）按适用税率计税销售额</td><td>1</td><td></td><td></td><td></td><td></td></tr>
<tr><td>其中：应税货物销售额</td><td>2</td><td></td><td></td><td></td><td></td></tr>
<tr><td>应税劳务销售额</td><td>3</td><td></td><td></td><td></td><td></td></tr>
<tr><td>纳税检查调整的销售额</td><td>4</td><td></td><td></td><td></td><td></td></tr>
<tr><td>（二）按简易办法计税销售额</td><td>5</td><td></td><td></td><td></td><td></td></tr>
<tr><td>其中：纳税检查调整的销售额</td><td>6</td><td></td><td></td><td></td><td></td></tr>
<tr><td>（三）免、抵、退办法出口销售额</td><td>7</td><td></td><td></td><td>—</td><td>—</td></tr>
<tr><td>（四）免税销售额</td><td>8</td><td></td><td></td><td>—</td><td>—</td></tr>
<tr><td>其中：免税货物销售额</td><td>9</td><td></td><td></td><td>—</td><td>—</td></tr>
<tr><td>免税劳务销售额</td><td>10</td><td></td><td></td><td>—</td><td>—</td></tr>
<tr><td rowspan="6">税款计算</td><td>销项税额</td><td>11</td><td></td><td></td><td></td><td></td></tr>
<tr><td>进项税额</td><td>12</td><td></td><td></td><td></td><td></td></tr>
<tr><td>上期留抵税额</td><td>13</td><td></td><td></td><td></td><td>—</td></tr>
<tr><td>进项税额转出</td><td>14</td><td></td><td></td><td></td><td></td></tr>
<tr><td>免、抵、退应退税额</td><td>15</td><td></td><td></td><td>—</td><td>—</td></tr>
<tr><td>按适用税率计算的纳税检查应补缴税额</td><td>16</td><td></td><td></td><td>—</td><td>—</td></tr>
</table>

续表

项目		栏次	一般项目		即征即退项目	
			本月数	本年累计	本月数	本年累计
税款计算	应抵扣税额合计	17=12+13-14-15+16		—		—
	实际抵扣税额	18(如17<11,则为17,否则为11)				
	应纳税额	19=11-18				
	期末留抵税额	20=17-18				—
	简易计税办法计算的应纳税额	21				
	按简易计税办法计算的纳税检查应补缴税额	22			—	—
	应纳税额减征额	23				
	应纳税额合计	24=19+21-23				
税款缴纳	期初未缴税额（多缴为负数）	25				
	实收出口开具专用缴款书退税额	26			—	—
	本期已缴税额	27=28+29+30+31				
	①分次预缴税额	28		—		—
	②出口开具专用缴款书预缴税额	29		—	—	—
	③本期缴纳上期应纳税额	30				
	④本期缴纳欠缴税额	31				
	期末未缴税额（多缴为负数）	32=24+25+26-27				
	其中：欠缴税额（≥0）	33=25+26-27		—		—
	本期应补（退）税额	34=24-28-29		—		—
	即征即退实际退税额	35	—	—		
	期初未缴查补税额	36			—	—
	本期入库查补税额	37			—	—
	期末未缴查补税额	38=16+22+36-37			—	—

授权声明	如果你已委托代理人申报，请填写下列资料： 为代理一切税务事宜，现授权 （地址） 为本纳税人的代理申报人，任何与本申报表有关的往来文件，都可寄予此人。 授权人签字：	申报人声明	本纳税申报表是根据国家税收法律法规及相关规定填报的，我确定它是真实的、可靠的、完整的。 声明人签字：

主管税务机关： 接收人： 接收日期：

填写说明：

本纳税申报表及其附列资料填写说明（以下简称本表及填写说明）适用于增值税一般纳税人（以下简称纳税人）。

名词解释：

（1）本表及填写说明所称“货物”，是指增值税的应税货物。

（2）本表及填写说明所称“劳务”，是指增值税的应税加工、修理、修配劳务。

（3）本表及填写说明所称“服务、不动产和无形资产”，是指销售服务、不动产和无形资产。

（4）本表及填写说明所称“按适用税率计税”、“按适用税率计算”和“一般计税方法”，均指按“应纳税额＝当期销项税额－当期进项税额”公式计算增值税应纳税额的计税方法。

（5）本表及填写说明所称“按简易办法计税”、“按简易征收办法计算”和“简易计税方法”，均指按“应纳税额＝销售额×征收率”公式计算增值税应纳税额的计税方法。

（6）本表及填写说明所称“扣除项目”，是指纳税人销售服务、不动产和无形资产，在确定销售额时，按照有关规定允许其从取得的全部价款和价外费用中扣除价款的项目。

增值税纳税申报表（一般纳税人适用）填写说明：

（1）“税款所属时间”：指纳税人申报的增值税应纳税额的所属时间，应填写具体的起止年、月、日。

（2）“填表日期”：指纳税人填写本表的具体日期。

（3）“纳税人识别号”：填写纳税人的税务登记证件号码。

（4）“所属行业”：按照国民经济行业分类与代码中的小类行业填写。

（5）“纳税人名称”：填写纳税人单位名称全称。

（6）“法定代表人姓名”：填写纳税人法定代表人的姓名。

（7）“注册地址”：填写纳税人税务登记证件所注明的详细地址。

（8）“生产经营地址”：填写纳税人实际生产经营地的详细地址。

（9）“开户银行及账号”：填写纳税人开户银行的名称和纳税人在该银行的结算账户号码。

（10）“登记注册类型”：按纳税人税务登记证件的栏目内容填写。

（11）“电话号码”：填写可联系到纳税人的常用电话号码。

（12）“即征即退项目”列：填写纳税人按规定享受增值税即征即退政策的货物、劳务和服务、不动产、无形资产的征（退）税数据。

（13）“一般项目”列：填写除享受增值税即征即退政策以外的货物、劳务和服务、不动产、无形资产的征（免）税数据。

（14）“本年累计”列：一般填写本年度内各月“本月数”之和。其中，第13、20、25、32、36、38栏及第18栏“实际抵扣税额”“一般项目”列的“本年累计”分别按本填写说明第（27）、（34）、（39）、（46）、（50）、（52）和（32）条要求填写。

（15）第1栏“（一）按适用税率计税销售额”：填写纳税人本期按一般计税方法计算缴纳增值税的销售额，包含：在财务上不作销售但按税法规定应缴纳增值税的视同销售和价外费用的销售额；外贸企业作价销售进料加工复出口货物的销售额；税务、财政、审计部门检查后按一般计税方法计算调整的销售额。

营业税改征增值税的纳税人，服务、不动产和无形资产有扣除项目的，本栏应填写扣除之前的不含税销售额。

本栏“一般项目”列“本月数”=附列资料（一）第9列第1至5行之和-第9列第6、7行之和；本栏“即征即退项目”列“本月数”=附列资料（一）第9列第6、7行之和。

（16）第2栏“其中：应税货物销售额”：填写纳税人本期按适用税率计算增值税的应税货物的销售额，包含在财务上不作销售但按税法规定应缴纳增值税的视同销售货物和价外费用销售额，以及外贸企业作价销售进料加工复出口货物的销售额。

（17）第3栏“应税劳务销售额”：填写纳税人本期按适用税率计算增值税的应税劳务的销售额。

（18）第4栏“纳税检查调整的销售额”：填写纳税人因税务、财政、审计部门检查，并按一般计税方法在本期计算调整的销售额。但享受增值税即征即退政策的货物、劳务和服务、不动产、无形资产，经纳税检查属于偷税的，不填入“即征即退项目”列，而应填入“一般项目”列。

营业税改征增值税的纳税人，服务、不动产和无形资产有扣除项目的，本栏应填写扣除之前的不含税销售额。

本栏“一般项目”列“本月数”=附列资料（一）第7列第1至5行之和。

（19）第5栏“按简易办法计税销售额”：填写纳税人本期按简易计税方法计算增值税的销售额，包含纳税检查调整按简易计税方法计算增值税的销售额。

营业税改征增值税的纳税人，服务、不动产和无形资产有扣除项目的，本栏应填写扣除之前的不含税销售额；服务、不动产和无形资产按规定汇总计算缴纳增值税的分支机构，其当期按预征率计算缴纳增值税的销售额也填入本栏。

本栏“一般项目”列“本月数”≥附列资料（一）第9列第8至13b行之和-第9列第14、15行之和；本栏“即征即退项目”列“本月数”≥附列资料（一）第9列第14、15行之和。

（20）第6栏“其中：纳税检查调整的销售额”：填写纳税人因税务、财政、审计部门检查，并按简易计税方法在本期计算调整的销售额。但享受增值税即征即退政策的货物、劳务和服务、不动产、无形资产，经纳税检查属于偷税的，不填入“即征即退项目”列，而应填入“一般项目”列。

营业税改征增值税的纳税人，服务、不动产和无形资产有扣除项目的，本栏应填写扣除之前的不含税销售额。

（21）第7栏“免、抵、退办法出口销售额”：填写纳税人本期适用免、抵、退税办法的出口货物、劳务和服务、无形资产的销售额。

营业税改征增值税的纳税人，服务、无形资产有扣除项目的，本栏应填写扣除之前的销售额。

本栏“一般项目”列“本月数”=附列资料（一）第9列第16、17行之和。

（22）第8栏“免税销售额”：填写纳税人本期按照税法规定免征增值税的销售额和适用零税率的销售额，但零税率的销售额中不包括适用免、抵、退税办法的销售额。

营业税改征增值税的纳税人，服务、不动产和无形资产有扣除项目的，本栏应填写扣除之前的免税销售额。

本栏“一般项目”列“本月数”=附列资料（一）第9列第18、19行之和。

（23）第9栏“其中：免税货物销售额”：填写纳税人本期按照税法规定免征增值税的货物销售额及适用零税率的货物销售额，但零税率的销售额中不包括适用免、抵、退税办法出口货物的销售额。

（24）第10栏“免税劳务销售额”：填写纳税人本期按照税法规定免征增值税的劳务销售额及适用零税率的劳务销售额，但零税率的销售额中不包括适用免、抵、退税办法的劳务的销售额。

（25）第11栏“销项税额”：填写纳税人本期按一般计税方法计税的货物、劳务和服务、不动产、无形资产的销项税额。

营业税改征增值税的纳税人，服务、不动产和无形资产有扣除项目的，本栏应填写扣除之后的销项税额。

本栏“一般项目”列“本月数”=附列资料（一）（第10列第1、3、4a行之和-第10列第6行）+（第14列第2、4、5行之和-第14列第7行）。

本栏“即征即退项目”列“本月数”=附列资料（一）第10列第6行+第14列第7行。

（26）第12栏“进项税额”：填写纳税人本期申报抵扣的进项税额。

本栏“一般项目”列“本月数”+“即征即退项目”列“本月数”=附列资料（二）第12栏“税额”。

（27）第13栏“上期留抵税额”。

①上期留抵税额按规定须挂账的纳税人，按以下要求填写本栏的“本月数”和“本年累计”：

上期留抵税额按规定须挂账的纳税人是指试点实施之日前一个税款所属期的申报表第20栏“期末留抵税额”“一般货物、劳务和应税服务”列“本月数”大于零，且兼有营业税改征增值税服务、不动产和无形资产的纳税人（下同）。其试点实施之日前一个税款所属期的申报表第20栏“期末留抵税额”“一般货物、劳务和应税服务”列“本月数”，以下称为货物和劳务挂账留抵税额。

第一，本栏“一般项目”列“本月数”：试点实施之日的税款所属期填写“0”，以后各期按上期申报表第20栏“期末留抵税额”“一般项目”列“本月数”填写。

第二，本栏“一般项目”列“本年累计”：反映货物和劳务挂账留抵税额本期期初余额。试点实施之日的税款所属期按试点实施之日前一个税款所属期的申报表第20栏“期末留抵税额”“一般货物、劳务和应税服务”列“本月数”填写，以后各期按上期申报表第20栏“期末留抵税额”“一般项目”列“本年累计”填写。

第三，本栏“即征即退项目”列“本月数”：按上期申报表第20栏“期末留抵税额”“即征即退项目”列“本月数”填写。

②其他纳税人，按以下要求填写本栏“本月数”和“本年累计”：

其他纳税人是指除上期留抵税额按规定须挂账的纳税人之外的纳税人（下同）。

第一，本栏“一般项目”列“本月数”：按上期申报表第20栏“期末留抵税额”“一般项目”列“本月数”填写。

第二，本栏“一般项目”列“本年累计”：填写“0”。

第三，本栏“即征即退项目”列“本月数”：按上期申报表第20栏“期末留抵税额”“即征即退项目”列“本月数”填写。

（28）第14栏“进项税额转出”：填写纳税人已经抵扣，但按税法规定本期应转出的进项税额。

本栏“一般项目”列“本月数”+“即征即退项目”列“本月数”=附列资料（二）第13栏“税额”。

（29）第15栏“免、抵、退应退税额”：反映税务机关退税部门按照出口货物、劳务和服务、无形资产免、抵、退办法审批的增值税应退税额。

（30）第16栏“按适用税率计算的纳税检查应补缴税额”：填写税务、财政、审计部门检查，按一般计税方法计算的纳税检查应补缴的增值税税额。

本栏“一般项目”列“本月数”≤附列资料（一）第8列第1至5行之和+附列资料（二）第19栏。

（31）第17栏“应抵扣税额合计”：填写纳税人本期应抵扣进项税额的合计数。按表中所列公式计算填写。

（32）第18栏“实际抵扣税额”。

①上期留抵税额按规定须挂账的纳税人，按以下要求填写本栏的“本月数”和“本年累计”：

第一，本栏“一般项目”列“本月数”：按表中所列公式计算填写。

第二，本栏“一般项目”列“本年累计”：填写货物和劳务挂账留抵税额本期实际抵减一般货物和劳务应纳税额的数额。将“货物和劳务挂账留抵税额本期期初余额”与“一般计税方法的一般货物及劳务应纳税额”两个数据相比较，取二者中较小的数据。

其中：货物和劳务挂账留抵税额本期期初余额=第13栏“上期留抵税额”“一般项目”列“本年累计”；

一般计税方法的一般货物及劳务应纳税额=（第11栏“销项税额”“一般项目”列“本月数”-第18栏“实际抵扣税额”“一般项目”列“本月数”）×一般货物及劳务销项税额比例；

一般货物及劳务销项税额比例=（附列资料（一）第10列第1、3、4a行之和-第10列第6行）÷第11栏“销项税额”“一般项目”列“本月数”×100%。

第三，本栏“即征即退项目”列“本月数”：按表中所列公式计算填写。

②其他纳税人，按以下要求填写本栏的“本月数”和“本年累计”：

第一，本栏“一般项目”列“本月数”：按表中所列公式计算填写。

第二，本栏“一般项目”列“本年累计”：填写“0”。

第三，本栏“即征即退项目”列“本月数”：按表中所列公式计算填写。

（33）第19栏“应纳税额”：反映纳税人本期按一般计税方法计算并应缴纳的增值税额。按以下公式计算填写：

①本栏“一般项目”列“本月数”=第11栏“销项税额”“一般项目”列“本月数”-第18栏“实际抵扣税额”“一般项目”列“本月数”-第18栏“实际抵扣税额”“一般项目”列“本年累计”。

②本栏“即征即退项目”列“本月数”＝第11栏“销项税额”“即征即退项目”列“本月数”－第18栏“实际抵扣税额”“即征即退项目”列“本月数”。

（34）第20栏“期末留抵税额”。

①上期留抵税额按规定须挂账的纳税人，按以下要求填写本栏的“本月数”和“本年累计”：

第一，本栏“一般项目”列“本月数”：反映试点实施以后，货物、劳务和服务、不动产、无形资产共同形成的留抵税额。按表中所列公式计算填写。

第二，本栏“一般项目”列“本年累计”：反映货物和劳务挂账留抵税额，在试点实施以后抵减一般货物和劳务应纳税额后的余额。按以下公式计算填写：

本栏“一般项目”列“本年累计”＝第13栏“上期留抵税额”“一般项目”列“本年累计”－第18栏“实际抵扣税额”“一般项目”列“本年累计”。

第三，本栏“即征即退项目”列“本月数”：按表中所列公式计算填写。

②其他纳税人，按以下要求填写本栏“本月数”和“本年累计”：

第一，本栏“一般项目”列“本月数”：按表中所列公式计算填写。

第二，本栏“一般项目”列“本年累计”：填写“0”。

第三，本栏“即征即退项目”列“本月数”：按表中所列公式计算填写。

（35）第21栏“简易计税办法计算的应纳税额”：反映纳税人本期按简易计税方法计算并应缴纳的增值税税额，但不包括按简易计税方法计算的纳税检查应补缴税额。按以下公式计算填写：

本栏“一般项目”列“本月数”＝附列资料（一）（第10列第8、9a、10、11行之和－第10列第14行）＋（第14列第9b、12、13a、13b行之和－第14列第15行）。

本栏“即征即退项目”列“本月数”＝附列资料（一）第10列第14行+第14列第15行。

营业税改征增值税的纳税人，服务、不动产和无形资产按规定汇总计算缴纳增值税的分支机构，应将预征增值税税额填入本栏。预征增值税税额=应预征增值税的销售额×预征率。

（36）第22栏“按简易计税办法计算的纳税检查应补缴税额”：填写纳税人本期因税务、财政、审计部门检查并按简易计税方法计算的纳税检查应补缴税额。

（37）第23栏“应纳税额减征额”：填写纳税人本期按照税法规定减征的增值税应纳税额，包含按照规定可在增值税应纳税额中全额抵减的增值税税控系统专用设备费用以及技术维护费。

当本期减征额小于或等于第19栏“应纳税额”与第21栏“简易计税办法计算的应纳税额”之和时，按本期减征额实际填写；当本期减征额大于第19栏“应纳税额”与第21栏“简易计税办法计算的应纳税额”之和时，按本期第19栏与第21栏之和填写。本期减征额不足抵减部分结转下期继续抵减。

（38）第24栏“应纳税额合计”：反映纳税人本期应缴增值税的合计数。按表中所列公式计算填写。

（39）第25栏“期初未缴税额（多缴为负数）”：“本月数”按上一税款所属期申报表第32栏“期末未缴税额（多缴为负数）”“本月数”填写。“本年累计”按上年度最后一个税款所属期申报表第32栏“期末未缴税额（多缴为负数）”“本年累计”填写。

（40）第26栏“实收出口开具专用缴款书退税额”：本栏不填写。

（41）第27栏“本期已缴税额”：反映纳税人本期实际缴纳的增值税税额，但不包括本期入库的查补税款。按表中所列公式计算填写。

（42）第28栏“①分次预缴税额”：填写纳税人本期已缴纳的准予在本期增值税应纳税额中抵减的税额。

营业税改征增值税的纳税人，分以下几种情况填写：

①服务、不动产和无形资产按规定汇总计算缴纳增值税的总机构，其可以从本期增值税应纳税额中抵减的分支机构已缴纳的税款，按当期实际可抵减数填入本栏，不足抵减部分结转下期继续抵减。

②销售建筑服务并按规定预缴增值税的纳税人，其可以从本期增值税应纳税额中抵减的已缴纳的税款，按当期实际可抵减数填入本栏，不足抵减部分结转下期继续抵减。

③销售不动产并按规定预缴增值税的纳税人，其可以从本期增值税应纳税额中抵减的已缴纳的税款，按当期实际可抵减数填入本栏，不足抵减部分结转下期继续抵减。

④出租不动产并按规定预缴增值税的纳税人，其可以从本期增值税应纳税额中抵减的已缴纳的税款，按当期实际可抵减数填入本栏，不足抵减部分结转下期继续抵减。

（43）第29栏“②出口开具专用缴款书预缴税额”：本栏不填写。

（44）第30栏“③本期缴纳上期应纳税额”：填写纳税人本期缴纳上一税款所属期应缴未缴的增值税税额。

（45）第31栏“④本期缴纳欠缴税额”：反映纳税人本期实际缴纳和留抵税额抵减的增值税欠税额，但不包括缴纳入库的查补增值税税额。

（46）第32栏“期末未缴税额（多缴为负数）”：“本月数”反映纳税人本期期末应缴未缴的增值税税额，但不包括纳税检查应缴未缴的税额。按表中所列公式计算填写。“本年累计”与“本月数”相同。

（47）第33栏“其中：欠缴税额（≥0）”：反映纳税人按照税法规定已形成欠税的增值税税额。按表中所列公式计算填写。

（48）第34栏“本期应补（退）税额”：反映纳税人本期应纳税额中应补缴或应退回的数额。按表中所列公式计算填写。

（49）第35栏“即征即退实际退税额”：反映纳税人本期因符合增值税即征即退政策规定，而实际收到的税务机关退回的增值税税额。

（50）第36栏“期初未缴查补税额”：“本月数”按上一税款所属期申报表第38栏“期末未缴查补税额”“本月数”填写。“本年累计”按上年度最后一个税款所属期申报表第38栏“期末未缴查补税额”“本年累计”填写。

（51）第37栏“本期入库查补税额”：反映纳税人本期因税务、财政、审计部门检查而实际入库的增值税税额，包括按一般计税方法计算并实际缴纳的查补增值税税额和按简易计税方法计算并实际缴纳的查补增值税税额。

（52）第38栏“期末未缴查补税额”：“本月数”反映纳税人接受纳税检查后应在本期期末缴纳而未缴纳的查补增值税税额。按表中所列公式计算填写，“本年累计”与“本月数”相同。

3.增值税纳税申报表附列资料（一）

增值税纳税申报表附列资料（一）是增值税纳税申报表附属资料之一，本表格是相对纳税所属时间的销售情况明细表（见表1-2）。

表 1-2

增值税纳税申报表附列资料（一）

（本期销售情况明细）

纳税人名称：（公章）　　　税款所属时间：　　年　　月　　日至　　年　　月　　日　　　金额单位：元至角分

项目及栏次				开具增值税专用发票		开具其他发票		未开具发票		纳税检查调整		合计			服务、不动产和无形资产扣除项目本期实际扣除金额	扣除后	
				销售额	销项（应纳）税额	销售额	销项（应纳）税额	销售额	销项（应纳）税额	销售额	销项（应纳）税额	销售额	销项（应纳）税额	价税合计		含税（免税）销售额	销项（应纳）税额
				1	2	3	4	5	6	7	8	9=1+3+5+7	10=2+4+6+8	11=9+10	12	13=11-12	14=13÷（100%+税率或征收率）×税率或征收率
一、一般计税方法计税	全部征税项目	13%税率的货物及加工修理修配劳务	1											—	—	—	—
		13%税率的服务、不动产和无形资产	2														
		9%税率的货物及加工修理修配劳务	3											—	—	—	—
		9%税率的服务、不动产和无形资产	4														
		6%税率	5														
	其中：即征即退项目	即征即退货物及加工修理修配劳务	6	—	—	—	—	—	—	—	—			—	—	—	—
		即征即退服务、不动产和无形资产	7	—	—	—	—	—	—	—	—						
二、简易计税方法计税	全部征税项目	6%征收率	8							—	—			—	—	—	—
		5%征收率的货物及加工修理修配劳务	9a							—	—			—	—	—	—
		5%征收率的服务、不动产和无形资产	9b							—	—						
		4%征收率	10							—	—			—	—	—	—
		3%征收率的货物及加工修理修配劳务	11							—	—			—	—	—	—
		3%征收率的服务、不动产和无形资产	12							—	—						
		预征率（%）	13a							—	—						
		预征率（%）	13b							—	—						
		预征率（%）	13c							—	—						
	其中：即征即退项目	即征即退货物及加工修理修配劳务	14	—	—	—	—	—	—	—	—			—	—	—	—
		即征即退服务、不动产和无形资产	15	—	—	—	—	—	—	—	—						
三、免抵退税	货物及加工修理修配劳务		16	—	—		—		—	—	—		—	—	—	—	—
	服务、不动产和无形资产		17	—	—		—		—	—	—		—				—
四、免税	货物及加工修理修配劳务		18				—		—	—	—		—	—	—	—	—
	服务、不动产和无形资产		19	—	—		—		—	—	—		—				—

4.增值税纳税申报表附列资料（二）

增值税纳税申报表附列资料（二）是增值税纳税申报表附属资料之一，本表格是相对纳税所属时间的购进货物情况的明细表（见表1-3）。

表1-3 增值税纳税申报表附列资料（二）

（本期进项税额明细）

税款所属时间： 年 月 日至 年 月 日

纳税人名称：(公章) 金额单位：元至角分

一、申报抵扣的进项税额				
项 目	栏次	份数	金额	税额
（一）认证相符的增值税专用发票	1=2+3			
其中：本期认证相符且本期申报抵扣	2			
前期认证相符且本期申报抵扣	3			
（二）其他扣税凭证	4=5+6+7+8a+8b			
其中：海关进口增值税专用缴款书	5			
农产品收购发票或者销售发票	6			
代扣代缴税收缴款凭证	7		—	
加计扣除农产品进项税额	8a	—	—	
其他	8b			
（三）本期用于购建不动产的扣税凭证	9			
（四）本期用于抵扣的旅客运输服务扣税凭证	10	—	—	
（五）外贸企业进项税额抵扣证明	11	—	—	
当期申报抵扣进项税额合计	12=1+4+11			

二、进项税额转出额		
项 目	栏次	税额
本期进项税额转出额	13=14至23之和	
其中：免税项目用	14	
集体福利、个人消费	15	
非正常损失	16	
简易计税方法征税项目用	17	
免抵退税办法不得抵扣的进项税额	18	

续表

项　　目	栏次	税额		
纳税检查调减进项税额	19			
红字专用发票信息表注明的进项税额	20			
上期留抵税额抵减欠税	21			
上期留抵税额退税	22			
其他应作进项税额转出的情形	23			
三、待抵扣进项税额				
项　　目	栏次	份数	金额	税额
（一）认证相符的增值税专用发票	24	—	—	—
期初已认证相符但未申报抵扣	25			
本期认证相符且本期未申报抵扣	26			
期末已认证相符但未申报抵扣	27			
其中：按照税法规定不允许抵扣	28			
（二）其他扣税凭证	29=30至33之和			
其中：海关进口增值税专用缴款书	30			
农产品收购发票或者销售发票	31			
代扣代缴税收缴款凭证	32		—	
其他	33			
	34			
四、其他				
项　　目	栏次	份数	金额	税额
本期认证相符的增值税专用发票	35			
代扣代缴税额	36	—	—	

5.增值税纳税申报表（小规模纳税人适用）

小规模纳税人不论有无销售额，均应按主管税务机关核定的纳税期限按期填报本表，并于次月1日起15日内，向当地税务机关申报。

增值税纳税申报表（小规模纳税人适用）见表1-4。

表 1-4

增值税纳税申报表

（小规模纳税人适用）

纳税人识别号：□□□□□□□□□□□□□□□□□□□□

纳税人名称（公章）： 金额单位：元至角分

税款所属期： 年 月 日至 年 月 日 填表日期： 年 月 日

	项目	栏次	本期数		本年累计	
			货物及劳务	服务、不动产和无形资产	货物及劳务	服务、不动产和无形资产
一、计税依据	（一）应征增值税不含税销售额（3%征收率）	1				
	税务机关代开的增值税专用发票不含税销售额	2				
	税控器具开具的普通发票不含税销售额	3				
	（二）应征增值税不含税销售额（5%征收率）	4	—		—	
	税务机关代开的增值税专用发票不含税销售额	5	—		—	
	税控器具开具的普通发票不含税销售额	6	—		—	
	（三）销售使用过的固定资产不含税销售额	7（7≥8）		—		—
	其中：税控器具开具的普通发票不含税销售额	8		—		—
	（四）免税销售额	9=10+11+12				
	其中：小微企业免税销售额	10				
	未达起征点销售额	11				
	其他免税销售额	12				
	（五）出口免税销售额	13（13≥14）				
	其中：税控器具开具的普通发票销售额	14				
二、税款计算	本期应纳税额	15				
	本期应纳税额减征额	16				
	本期免税额	17				
	其中：小微企业免税额	18				
	未达起征点免税额	19				
	应纳税额合计	20=15-16				
	本期预缴税额	21			—	—
	本期应补（退）税额	22=20-21			—	—
纳税人或代理人声明：本纳税申报表是根据国家税收法律法规及相关规定填报的，我确定它是真实的、可靠的、完整的。	如纳税人填报，由纳税人填写以下各栏：					
	办税人员： 财务负责人： 法定代表人： 联系电话：					
	如委托代理人填报，由代理人填写以下各栏：					
	代理人名称（公章）： 经办人： 联系电话：					

主管税务机关： 接收人： 接收日期：

6.税收通用缴款书

税收通用缴款书（见表1–5）是纳税人直接向银行缴纳及扣缴义务人代扣代收后向银行汇总缴纳税款（固定资产投资方向调节税和出口货物税收除外）、基金、费用、滞纳金和罚款等各项收入时使用的一种通用缴款凭证。本缴款书手工开票和计算机开票通用。

表1–5　　**中华人民共和国税收通用缴款书**

隶属关系：

注册类型：　　**填发日期：　年　月　日**　　征收机关：

<table>
<tr><td rowspan="4">缴款单位</td><td>代码</td><td colspan="2"></td><td rowspan="3">预算科目</td><td colspan="2">编码</td><td colspan="9"></td></tr>
<tr><td>全称</td><td colspan="2"></td><td colspan="2">名称</td><td colspan="9"></td></tr>
<tr><td>开户银行</td><td colspan="2"></td><td colspan="2">级次</td><td colspan="9"></td></tr>
<tr><td>账号</td><td colspan="2"></td><td colspan="3">收缴国库</td><td colspan="9"></td></tr>
<tr><td colspan="4">税款所属时期　年　月　日至　月　日</td><td colspan="12">税款限缴日期　年　月　日</td></tr>
<tr><td rowspan="2">品目名称</td><td rowspan="2">课税数量</td><td rowspan="2">计税金额或销售收入</td><td rowspan="2">税率或单位税额</td><td rowspan="2">已缴或扣除额</td><td colspan="11">实缴金额</td></tr>
<tr><td>亿</td><td>千</td><td>百</td><td>十</td><td>万</td><td>千</td><td>百</td><td>十</td><td>元</td><td>角</td><td>分</td></tr>
<tr><td></td><td></td><td></td><td></td><td></td><td></td><td></td><td></td><td></td><td></td><td></td><td></td><td></td><td></td><td></td><td></td></tr>
<tr><td></td><td></td><td></td><td></td><td></td><td></td><td></td><td></td><td></td><td></td><td></td><td></td><td></td><td></td><td></td><td></td></tr>
<tr><td></td><td></td><td></td><td></td><td></td><td></td><td></td><td></td><td></td><td></td><td></td><td></td><td></td><td></td><td></td><td></td></tr>
<tr><td></td><td></td><td></td><td></td><td></td><td></td><td></td><td></td><td></td><td></td><td></td><td></td><td></td><td></td><td></td><td></td></tr>
<tr><td></td><td></td><td></td><td></td><td></td><td></td><td></td><td></td><td></td><td></td><td></td><td></td><td></td><td></td><td></td><td></td></tr>
<tr><td></td><td></td><td></td><td></td><td></td><td></td><td></td><td></td><td></td><td></td><td></td><td></td><td></td><td></td><td></td><td></td></tr>
<tr><td></td><td></td><td></td><td></td><td></td><td></td><td></td><td></td><td></td><td></td><td></td><td></td><td></td><td></td><td></td><td></td></tr>
<tr><td></td><td></td><td></td><td></td><td></td><td></td><td></td><td></td><td></td><td></td><td></td><td></td><td></td><td></td><td></td><td></td></tr>
<tr><td></td><td></td><td></td><td></td><td></td><td></td><td></td><td></td><td></td><td></td><td></td><td></td><td></td><td></td><td></td><td></td></tr>
<tr><td>金额合计</td><td colspan="4">（大写）亿　仟　佰　拾　万　仟　佰
拾　元　角　分</td><td></td><td></td><td></td><td></td><td></td><td></td><td></td><td></td><td></td><td></td><td></td></tr>
<tr><td colspan="2">缴款单位（人）
（盖章）
经办人（章）</td><td colspan="2">税务机关
（盖章）
填票人（章）</td><td colspan="8">上列款项已收妥并划转收款单位账户

国库（银行）盖章　年　月　日</td><td colspan="4">备注：</td></tr>
</table>

除固定资产投资方向调节税和出口货物税收外，凡是由税务机关组织征收的其他各种税款、基金、费用，及其滞纳金和罚款等预算收入，只要缴款人在银行开有结算存款账户，都应使用税收通用缴款书缴纳。缴款人持现金自行直接到银行缴纳各项税收的，也应

使用税收通用缴款书，但缴款人持现金直接向税务机关缴纳各项收入的，不能使用此缴款书，应使用税收完税证或罚款收据。

税收通用缴款书一式六联：第一联（收据）国库（银行）收款盖章后退缴款单位（人）作完税凭证（白纸黑油墨）；第二联（付款凭证）缴款单位（人）的支付凭证，开户银行作借方传票（白纸蓝油墨）；第三联（收款凭证）收款国库作贷方传票（白纸红油墨）；第四联（回执）国库收款盖章后退税务机关作税收会计凭证（白纸绿油墨）；第五联（报查）国库（银行）收款盖章后退基层税务机关作税收会计凭证（白纸紫油墨）；第六联（存根）基层税务机关留存。自行开票的，由缴款单位（人）送基层税务机关（白纸黑油墨）。

第二章　手工实训部分

一、模拟实训目的

企业实训部分要求学生以九江市盟祥联轴器有限公司2019年12月份实际发生的会计业务为基础，以会计主管的身份全方位体验出纳、仓库保管、记账、成本核算、往来业务等会计岗位的职责，通过建账、填制和审核原始凭证与记账凭证、登记账簿、装订凭证等会计工作技能和方法，完成企业日常会计核算、成本核算、年终结账、编制会计报告的全部会计核算工作。

通过企业会计手工实训，使学生系统掌握企业会计核算的基本程序和具体方法，加强对所学专业理论知识的理解与认识，提高会计技能操作水平，完成从理论到实践的认知过程，使学生成为掌握会计及相关工作基本技能，具有较强实践能力和较高素质的应用型人才。

二、模拟企业基本信息

企业名称：九江市盟祥联轴器有限公司

注册地址：九江市柴桑区出口加工区三宝路2号

联系电话：0792-8431689

法人代表：陈政均

注册资本：人民币叁仟万元整

企业类型：股份有限公司

纳税人识别号：91360412664755617X

开户行：工行十里支行

账号：1507 2300 0902 4805 948

（一）生产特点

九江市盟祥联轴器有限公司设有一个生产车间。该公司采用大量多步骤生产，但管理上不要求分步骤核算；平时从仓库领用棒料、锻件、钢材、铁板、电机、铸件进行加工，生产甲、乙和丙三种型号的电联轴器，产品生产完工验收合格后，送交仓库。

（二）公司机构及人员分工（见表2-1）

表2-1 部门设置及人员分工

<table>
<tr><th colspan="3">部门</th><th>负责人</th></tr>
<tr><td rowspan="4">行政部门</td><td colspan="2">厂长办公室</td><td>司敏</td></tr>
<tr><td rowspan="3">财务科</td><td>财务主管</td><td>徐娜</td></tr>
<tr><td>会计</td><td>史慧</td></tr>
<tr><td>出纳</td><td>丁宁</td></tr>
<tr><td colspan="3">生产车间</td><td>熊浩</td></tr>
<tr><td rowspan="2">销售部门</td><td colspan="2">销售科</td><td rowspan="2">彭然</td></tr>
<tr><td colspan="2">门市部</td></tr>
<tr><td colspan="3">供应科</td><td>王欣</td></tr>
<tr><td colspan="3">仓库（保管）</td><td>筱年</td></tr>
</table>

（三）会计期间

会计期间为2019年1月1日至2019年12月31日，模拟实训业务期间为2019年12月1日至2019年12月31日。

（四）材料核算程序（如图2-1所示）

材料按实际价格核算，由公司集中采购，材料明细账由财务部门的材料核算员登记，采用每月编制“收料汇总表”和“发料汇总表”的方式登记材料明细账及总账。

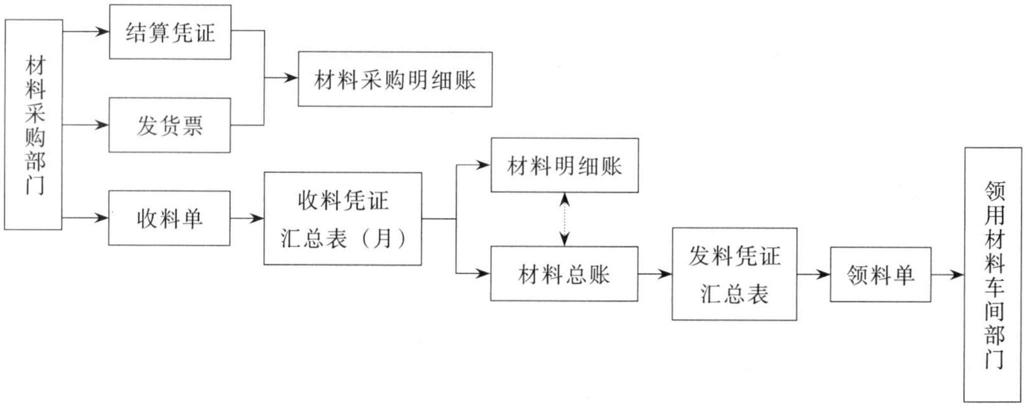

图2-1 材料核算程序图

（五）生产工艺流程图（如图2-2所示）

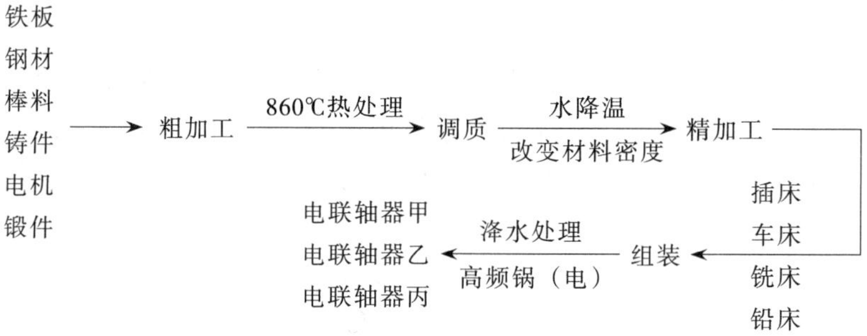

图2-2 生产工艺流程图

（六）会计核算说明

1.流动资产核算部分

（1）库存现金限额3 000元。

（2）备用金采用定额备用金制。

（3）坏账损失采用备抵法核算，按年末应收账款余额的5‰计提坏账准备。

（4）原材料、周转材料到货后立即入库，并按实际成本计价核算；本月发出原材料的实际成本按全月一次加权平均法计算，铸件按定额耗用量比例分配，电联轴器甲、电联轴器乙和电联轴器丙的单位定额耗用量分别为0.09吨、0.1吨和0.11吨。

（5）运费一般由购货方承担，采用重量比例分配法。

（6）产成品的收发按实际成本计价核算，本月发出产成品的实际成本按全月一次加权平均法计算。

2.差旅费报销相关规定

（1）车、船票始点至终点（除飞机票，火车软卧，高铁一等座，轮船1、2等舱外）实报实销，乘火车6小时以上可享受硬卧，够条件未享受者按硬座50%另加补贴；

（2）住宿费和途中伙食补贴采取包干制，住宿费实报实销，途中伙食补贴每天100元，头尾都算；

（3）差旅费报销须凭部门领导签字办理报销手续。

3.固定资产核算部分

房屋、建筑物折旧年限为20年，残值为原值的10%；机器设备折旧年限为10年，残值为原值的4%；电子设备折旧年限为3年，残值为原值的10%；运输工具的折旧年限为8年，残值率为4%。

4.无形资产核算部分

无形资产原值300万元，非专利技术电联轴器按直线法10年摊销。

5.产品成本核算部分

（1）本公司成本核算采用公司一级成本核算形式，产品成本计算采用品种法；

（2）本公司的生产成本设置四个成本项目：直接材料、直接人工、制造费用、废品损失；

（3）基本生产车间的人工费用按当月电联轴器甲、电联轴器乙和电联轴器丙三种产品的生产工时比例进行分配，分配采用工时比例分配法；

（4）制造费用采用生产工时比例分配法；

（5）月末在产品成本按约当产量法计算，在产品完工程度均为50%，产品所耗原材料均为开工时一次投入，废品损失全由当月同种完工产品负担；

（6）销售成本的结转采用全月一次加权平均法。

6.税金及附加核算部分

（1）增值税，本公司为增值税一般纳税人，税率为13%；在采购过程中所支付的运费可根据运费开具的增值税发票上列明的9%税率抵扣（所有取得的增值税专用发票已通过税务机关认证）。

（2）企业所得税，本公司的企业所得税税率为25%，按季度预缴，年终汇算清缴。

（3）个人所得税，职工应负担的个人所得税由公司代扣代缴，暂不考虑个税六项专项附加扣除。

（4）附加税，城市维护建设税按流转税税额的7%计算，教育费附加按流转税税额的3%计算。

（5）印花税，按固定数缴纳：400元/月。

（6）其他税金，每月计提，季末后10日内缴纳：

①房产税：按房屋原值扣减20%后，按年1.2%计征；

②车船税：货车年60元/自重（吨），小型客车660元/年，小轿车480元/年；

③城镇土地使用税：公司占地3 000亩，按年1元/亩计征。

7.与工资有关的各项经费的计提

（1）企业发生的工会经费及职工教育经费支出，不超过工资薪金2%和8%的部分，准予扣除；超过部分，准予在以后纳税年度结转扣除。但在实务中，在比例内基本都是据实扣除，因此与实务操作保持一致，本教材不计提工会经费及职工教育经费。

（2）企业负担的社会保险费和住房公积金按基本工资比例计提；

（3）企业从职工工资中代扣代缴的由个人负担的社会保险费和住房公积金见“工资计算汇总表”；

（4）社会保险费和住房公积金，企业负担部分记入“应付职工薪酬”科目，个人负担部分由企业代扣代缴记入“其他应付款”科目。

8.利润及利润分配核算部分

（1）年末分别按本年税后利润的10%计提法定盈余公积、按5%计提任意盈余公积；

（2）按本年税后利润的30%向股东支付股利。

9.其他

（1）企业银行结算方式：

①同城：转账；

②异地：电汇、委托收款或者托收承付结算方式。

（2）采用委托收款和托收承付结算方式的付款业务，均在接到银行付款通知的当日通知银行付款。

（3）分配率要求精确到小数点后4位，金额结果精确到小数点后2位。

（4）银行预留印鉴：

三、模拟企业资料

（一）有关账户余额（见表2-2、表2-3）

表2-2　　账户余额表　　单位：元

编号	总分类账户	明细分类账户	借方余额	贷方余额
资产、成本类				
1001	库存现金		3 000.00	
1002	银行存款		5 792 328.32	
1122	应收账款		167 240.00	
		徐州东南钢铁设备厂	33 508.00	
		南昌长力钢铁股份有限公司	52 356.00	
		福建三宝特钢有限公司	48 712.00	
		九江恒生化纤有限公司	32 664.00	
1221	其他应收款	备用金（厂长办公室）	3 000.00	
1231	坏账准备			836.20
1403	原材料		1 619 133.57	
1405	库存商品		4 794 400.00	
1411	周转材料		46 960.00	
1471	存货跌价准备			32 000.00
5001	生产成本		45 626.77	
1511	长期股权投资	万隆科贸公司（成本）	13 000 000.00	
1601	固定资产		27 060 000.00	
1602	累计折旧			12 228 150.00
1701	无形资产	非专利技术	3 000 000.00	
1702	累计摊销			815 000.00
负债类				
2201	应付票据	银行承兑汇票（聊城开发区奥宇钢材有限公司）		266 589.00
2202	应付账款			2 800 000.00
		九江宝鑫物资有限公司		565 153.60
		江西赣江长梅机电设备有限公司		427 900.00
		九江鼎恒特种钢有限公司		489 433.10
		九江市荣圣物资贸易有限公司		712 997.60
		杭州嘉通机械有限公司		307 755.00
		合肥龙宇铸造有限公司		214 510.70
		上海青山贸易有限公司		82 250.00

续表

编号	总分类账户	明细分类账户		借方余额	贷方余额
2211	应付职工薪酬				141 402.50
		职工福利费			79 190.00
		职工保险	医疗保险		15 750.00
			养老保险		31 500.00
			失业保险		2 362.50
		住房公积金			12 600.00
2221	应交税费				507 463.25
		未交增值税			187 306.16
		应交城市维护建设税			13 111.43
		应交教育费附加			5 619.18
		应交所得税			270 143.48
		应交个人所得税			813.00
		应交房产税			29 600.00
		应交车船税			370.00
		应交城镇土地使用税			500.00
2231	应付利息				126 000.00
2241	其他应付款				29 137.50
		医疗保险费			3 150.00
		养老保险费			12 600.00
		失业保险费			787.50
		住房公积金			12 600.00
2501	长期借款				9 000 000.00
所有者权益类					
4001	实收资本				21 000 000.00
		长江股份有限公司			14 000 000.00
		黄河股份有限公司			7 000 000.00
4002	资本公积	其他资本公积			310 000.00
4101	盈余公积				510 000.00
		法定盈余公积			340 000.00
		任意盈余公积			170 000.00
4103	本年利润				3 395 737.46
4104	利润分配	未分配利润			4 369 372.75

表 2-3 **损益类账户2019年1—11月累计发生额** 单位：元

总账账户	明细账户	2019年1—11月累计发生额
主营业务收入	甲	9 048 000.00
	乙	12 250 000.00
	丙	8 610 000.00
	合 计	29 908 000.00
其他业务收入	废钢	116 800.00
主营业务成本	甲	6 945 372.38
	乙	9 497 057.92
	丙	6 806 598.50
	合 计	23 249 028.80
其他业务成本	废钢	109 500.00
税金及附加		173 975.57
销售费用		313 366.28
管理费用		893 690.44
财务费用		751 479.00
营业外支出		1 328.68
所得税费用		1 136 693.77

（二）明细分类账户余额（见表2-4至表2-8）

表 2-4 **“生产成本”明细分类账户期初余额** 金额单位：元

产品名称	规格	计量单位	数量	成本项目				合 计
				直接材料	直接人工	制造费用	废品损失	
电联轴器	甲	台	4	7 420.66	464.79	238.89		8 124.34
	乙		8	18 376.27	1 027.57	528.13		19 931.97
	丙		6	16 226.36	887.79	456.31		17 570.46
合 计								45 626.77

表2-5　　"库存商品"明细分类账户期初余额　　金额单位：元

产品名称	规 格	计量单位	库存数量	单位成本	金 额
电联轴器	甲	台	620	2 150.00	1 333 000.00
	乙		650	2 820.00	1 833 000.00
	丙		460	3 540.00	1 628 400.00
合 计					4 794 400.00

表2-6　　"原材料"明细账户期初余额　　金额单位：元

二级科目	名 称	规 格	计量单位	库存数量	单 价	金 额
原料及主要材料	钢材		吨	187.59	3 640.1292	682 851.84
	铁板		吨	130.00	3 810.2185	495 328.41
	电机	甲	台	170	248.00	42 160.00
		乙	台	200	556.00	111 200.00
		丙	台	120	776.00	93 120.00
	铸件		吨	30	6 482.44	194 473.32
合 计						1 619 133.57

表2-7　　"周转材料"明细账户期初余额　　金额单位：元

二级科目	明细账户	计量单位	库存数量	单 价	金 额
低值易耗品	昆仑抗磨液压油	桶	1	1 829.06	1 829.06
	线切割乳化液	千克	1	188.04	188.04
	工具	件	20	193.145	3 862.90
	管理用具	件	69	40.00	2 760.00
	工作服	套	454	80.00	36 320.00
	小 计				44 960.00
包装物	包装箱	个	10	200.00	2 000.00
合 计					46 960.00

表2-8　　“固定资产”明细账户期初余额

车间、部门	固定资产名称	账面原值（元）	年折旧率	建造（购置）时间
基本生产车间	房屋及建筑物	18 000 000.00	4.5%	2012年3月
	机器设备：		9.6%	
	车床（CW62E/1000）	2 800 000.00		2012年4月
	车床（CA14A/1000）	2 300 000.00		2014年5月
	铣床（X6042A-L5H）	1 130 000.00		2012年4月
	插床（B5032E）	600 000.00		2012年4月
	摇臂钻床（I305011611）	580 000.00		2012年4月
	立钻（I5150）	500 000.00		2012年6月
	（电）高频炉	50 000.00		2012年4月
行政部门	房屋及建筑物	500 000.00	4.5%	2012年3月
	复印机（厂长办公室）	11 000.00	30%	2017年4月
	美的空调（厂长办公室）	8 000.00		2017年4月
	打印机（财务科）	3 000.00		2017年4月
	美的空调（财务科）	4 000.00		2017年4月
	客车（厂长办公室）	150 000.00	12%	2012年6月
	小轿车（厂长办公室）	220 000.00		2012年5月
销售部门	货车（载重8吨）（销售科）	98 000.00	12%	2012年6月
	货车（载重10吨）（销售科）	100 000.00		2013年7月
	美的空调（销售门市部）	6 000.00	30%	2017年9月

（三）产量、工时记录（见表2-9）

表2-9　　12月产量记录　　数量单位：台

项 目	甲	乙	丙
月初在产品	4	8	6
本月投产	350	400	240
本月完工	352	402	240
月末在产品	2	6	6
12月份工时	9 600	12 000	8 400

（四）年初相关报表（见表2-10、表2-11）

表2-10　　资产负债表　　会企01表

编制单位：九江市盟祥联轴器有限公司　　2019年11月30日　　单位：元

资产	期末余额	年初余额	负债和所有者权益	期末余额	年初余额
流动资产：			流动负债：		
货币资金		2 382 215.08	短期借款		1 000 000.00
交易性金融资产			交易性金融负债		
衍生金融资产			衍生金融负债		
应收票据及应收账款		2 804 750.00	应付票据及应付账款		3 500 000.00
预付款项			预收款项		
其他应收款		3 000.00	合同负债		
存货		4 093 759.00	应付职工薪酬		62 212.50
合同资产			应交税费		479 165.08
持有待售资产			其他应付款		29 137.50
一年内到期的非流动资产			持有待售负债		
其他流动资产			一年内到期的非流动负债		
流动资产合计		9 283 724.08	其他流动负债		
非流动资产：			流动负债合计		5 070 515.08
债权投资			非流动负债：		

续表

资产	期末余额	年初余额	负债和所有者权益	期末余额	年初余额
其他债权投资			长期借款		9 000 000.00
长期应收款			应付债券		
长期股权投资		13 000 000.00	其中：优先股		
其他权益工具投资			永续债		
其他非流动金融资产			长期应付款		
投资性房地产			预计负债		
固定资产		24 501 820.00	递延收益		
在建工程			递延所得税负债		
生产性生物资产			其他非流动负债		
油气资产			非流动负债合计		9 000 000.00
无形资产		2 460 000.00	负债合计		14 070 515.08
开发支出			所有者权益（或股东权益）：		
商誉			实收资本（或股本）		30 000 000.00
长期待摊费用			其他权益工具		
递延所得税资产			其中：优先股		
其他非流动资产			永续债		
非流动资产合计		39 961 820.00	资本公积		310 000.00
			减：库存股		
			其他综合收益		
			盈余公积		510 000.00
			未分配利润		4 355 029.00
			所有者权益（或股东权益）合计		35 175 029.00
资产总计		49 245 544.08	负债和所有者权益总计		49 245 544.08

表2-11 **利润表** 会企02表

编制单位：九江市盟祥联轴器有限公司 2018年 单位：元

项目	本期金额	上期金额
一、营业收入	3 042 782.40	
减：营业成本	2 379 891.58	
税金及附加	16 821.28	
销售费用	20 889.95	
管理费用	81 071.91	
研发费用		
财务费用	42 138.78	
其中：利息费用		
利息收入		
资产减值损失	3 561.25	
信用减值损失		
加：其他收益		
投资收益（损失以“-”号填列）		
其中：对联营企业和合营企业的投资收益		
净敞口套期收益（损失以“-”号填列）		
公允价值变动收益（损失以“-”号填列）		
资产处置收益（损失以“-”号填列）		
二、营业利润（亏损以“-”号填列）	498 407.65	
加：营业外收入		
减：营业外支出		
三、利润总额（亏损总额以“-”号填列）	498 407.65	
减：所得税费用	124 601.91	

续表

项目	本期金额	上期金额
四、净利润（净亏损以“-”号填列）	373 805.74	
（一）持续经营净利润（净亏损以“-”号填列）		
（二）终止经营净利润（净亏损以“-”号填列）		
五、其他综合收益的税后净额		
（一）不能重分类进损益的其他综合收益		
1.重新计量设定受益计划变动额		
2.权益法下不能转损益的其他综合收益		
3.其他权益工具投资公允价值变动		
4.企业自身信用风险公允价值变动		
⋮		
（二）将重分类进损益的其他综合收益		
1.权益法下可转损益的其他综合收益		
2.其他债权投资公允价值变动		
3.金融资产重分类计入其他综合收益的金额		
4.其他债权投资信用减值准备		
5.现金流量套期储备		
6.外币财务报表折算差额		
⋮		
六、综合收益总额		
七、每股收益		
（一）基本每股收益		
（二）稀释每股收益		

四、模拟实训要求

1.根据2019年12月初有关余额建账；

2.根据2019年12月经济业务填制部分原始凭证；

3.审核原始凭证并填制记账凭证；

4.根据记账凭证登记日记账及明细分类账；

5.按月编制“汇总记账凭证”（科目汇总表）；

6.根据“汇总记账凭证”（科目汇总表）登记总分类账；

7.年终结算本年利润并进行利润分配；

8.编制2019年度资产负债表和利润表、增值税纳税申报表、企业所得税纳税申报表等各类报表。

五、模拟实训材料

1

3600131152　**江西增值税专用发票**　No 02430132

（全国统一发票监制章 江西 国家税务总局监制）

发票联

开票日期：2019年12月1日

购买方	名　　称：九江市盟祥联轴器有限公司 纳税人识别号：91360412664755617X 地 址 、电 话：九江市柴桑区出口加工区三宝路2号　0792-8431689 开户行及账号：工行十里支行　1507230009024805948					密码区	略	
货物或应税劳务、服务名称	规格型号	单位	数量	单价	金额	税率	税额	
档案盒			40	26.55	1 061.95	13%	138.05	
合　计					￥1 061.95		￥138.05	
价税合计（大写）	⊗壹仟贰佰元整					（小写）￥1 200.00		
销售方	名　　称：联盛商业连锁股份有限公司 纳税人识别号：91360403569762058X 地 址 、电 话：江西省九江市浔阳路19-23号　0792-8989315 开户行及账号：工行滨兴支行　157230009024806999					备注	（联盛商业连锁股份有限公司 91360403569762058X 发票专用章）	

（现金付讫）

第二联：发票联　购买方记账凭证

收款人：肖明　　复核：沈冰　　开票人：李开　　销售方：（章）

2-1

中国工商银行
现金支票存根（赣）
000942303

附加信息：

出票日期：2019年12月1日

收款人：	丁宁
金　额：	¥2 000.00
用　途：	备用

单位主管：徐娜　　会计：史慧

2-2

借款单

2019年12月1日

<table>
<tr><td rowspan="2">借款单位</td><td rowspan="2">* 供应科</td><td rowspan="2">姓名</td><td rowspan="2">* 徐花花</td><td rowspan="2">级别</td><td rowspan="2">* 采购员</td><td>出差地点</td><td colspan="2">* 武汉</td></tr>
<tr><td>天　数</td><td colspan="2">* 3天</td></tr>
<tr><td>事由</td><td colspan="2">* 参加展销会</td><td>借款金额
（大写）</td><td colspan="5">* 壹仟元整
¥1 000.00</td></tr>
<tr><td>部门负责人签章</td><td colspan="2">王欣</td><td>借款人
签章</td><td>*徐花花</td><td>注意
事项</td><td colspan="3">一、有*者由借款人填写
二、凡借用公款必须使用本单
三、第三联为正式借据，由借款人和部门负责人签章
四、出差返回后三日内结算</td></tr>
<tr><td>单位领导或授权人批示</td><td colspan="2">同意</td><td>审核意见
（财务科）</td><td colspan="5">同意　　现金付讫</td></tr>
</table>

第三联　借款记账凭证

3-1

领　料　单

领料部门：车间　　　　开票日期：2019年12月3日　　　　字第0001号

材料名称		规格	单位	请领数量	实发数量	价格	
						单价	金额
钢材			吨	24	24		
用途	电联轴器甲			领料部门		发料部门	
				负责人	领料人	核准人	发料人
					熊洁		筱年

第二联　记账（红色）

3-2

领　料　单

领料部门：车间　　　　开票日期：2019年12月3日　　　　字第0002号

材料名称		规格	单位	请领数量	实发数量	价格	
						单 价	金 额
钢材			吨	30	30		
用 途	电联轴器乙			领料部门		发料部门	
				负责人	领料人	核准人	发料人
					熊洁		筱年

第二联　记账（红色）

3-3

领　料　单

领料部门：车间　　　　开票日期：2019年12月3日　　　　字第0003号

材料名称		规格	单位	请领数量	实发数量	价格	
						单 价	金 额
钢材			吨	22	22		
用 途	电联轴器丙			领料部门		发料部门	
				负责人	领料人	核准人	发料人
					熊洁		筱年

第二联　记账（红色）

3-4

领　料　单

领料部门：车间　　开票日期：2019 年 12 月 3 日　　字第 0004 号

材料名称	规格	单位	请领数量	实发数量	价格	
					单价	金额
铁板		吨	23	23		
用途	电联轴器甲		领料部门		发料部门	
			负责人	领料人	核准人	发料人
				熊浩		筱年

第二联　记账（红色）

3-5

领　料　单

领料部门：车间　　开票日期：2019 年 12 月 3 日　　字第 0005 号

材料名称	规格	单位	请领数量	实发数量	价格	
					单价	金额
铁板		吨	26	26		
用途	电联轴器乙		领料部门		发料部门	
			负责人	领料人	核准人	发料人
				熊浩		筱年

第二联　记账（红色）

3-6

领　料　单

领料部门：车间　　开票日期：2019 年 12 月 3 日　　字第 0006 号

材料名称	规格	单位	请领数量	实发数量	价格	
					单价	金额
铁板		吨	17	17		
用途	电联轴器丙		领料部门		发料部门	
			负责人	领料人	核准人	发料人
				熊浩		筱年

第二联　记账（红色）

4-1

3700062140 山东增值税专用发票 No 05724883

抵扣联

开票日期：2019年12月5日

购买方	名称：九江市盟祥联轴器有限公司 纳税人识别号：91360412664755617X 地址、电话：九江市柴桑区出口加工区三宝路2号 0792-8431689 开户行及账号：工行十里支行 1507230009024805948				密码区	36/*6/>*5/<8*/8->85 88-*632、6024//<5601 83*75379<**8>6539<6 18+81+Q987*6>-185>>26	加密版本：01 3700062140 05724883	
货物或应税劳务、服务名称	规格型号	单位	数量	单价	金额	税率	税额	
铸件		吨	100	6 480.00	648 000.00	13%	84 240.00	
合计					￥648 000.00		￥84 240.00	
价税合计（大写）	⊗柴拾叁万贰仟贰佰肆拾元整					（小写）￥732 240.00		
销售方	名称：烟台海盛贸易有限公司 纳税人识别号：91370602112234567X 地址、电话：烟台科技产业园 0535-6058672 开户行及账号：农行延安路支行 82600087567				备注	电汇		

收款人：韩磊 复核：刘华 开票人：王军 销售方：（章）

第二联：抵扣联 购买方扣税凭证

（印章：全国统一发票监制章 山东 国家税务总局监制）

（印章：烟台海盛贸易有限公司 91370602112234567X 发票专用章）

4-2

3700062140 山东增值税专用发票 No 05724883

发票联

开票日期：2019年12月5日

购买方	名称：九江市盟祥联轴器有限公司 纳税人识别号：91360412664755617X 地址、电话：九江市柴桑区出口加工区三宝路2号 0792-8431689 开户行及账号：工行十里支行 1507230009024805948				密码区	36/*6/>*5/<8*/8->85 88-*632、6024//<5601 83*75379<**8>6539<6 18+81+Q987*6>-185>>26	加密版本：01 3700062140 05724883	
货物或应税劳务、服务名称	规格型号	单位	数量	单价	金额	税率	税额	
铸件		吨	100	6 480.00	648 000.00	13%	84 240.00	
合计					￥648 000.00		￥84 240.00	
价税合计（大写）	⊗柴拾叁万贰仟贰佰肆拾元整					（小写）￥732 240.00		
销售方	名称：烟台海盛贸易有限公司 纳税人识别号：91370602112234567X 地址、电话：烟台科技产业园 0535-6058672 开户行及账号：农行延安路支行 82600087567				备注	电汇		

收款人：韩磊 复核：刘华 开票人：王军 销售方：（章）

第三联：发票联 购买方记账凭证

（印章：全国统一发票监制章 山东 国家税务总局监制）

（印章：烟台海盛贸易有限公司 91370602112234567X 发票专用章）

4-3

3700062145　**山东增值税专用发票**　No 21654387

抵扣联

开票日期：2019年12月5日

购买方	名　　称：九江市盟祥联轴器有限公司 纳税人识别号：91360412664755617X 地址、电话：九江市柴桑区出口加工区三宝路2号　0792-8431689 开户行及账号：工行十里支行　1507230009024805948				密码区	略	
货物或应税劳务、服务名称	规格型号	单位	数量	单价	金额	税率	税额
运费					5 600.00	9%	504.00
合　计					￥5 600.00		￥504.00
价税合计（大写）	⊗陆仟壹佰零肆元整				（小写）￥6 104.00		
销售方	名　　称：烟台市顺发运输公司 纳税人识别号：91370602112358946X 地址、电话：山东省烟台市莱山区清泉路167号　0535-63290122 开户行及账号：工行莱山支行　1507233247854389001				备注	（鲁F57M65 烟台-九江 铸件）	

收款人：丁冉　　复核：胡明　　开票人：马虹　　销售方：（章）

第二联：抵扣联　购买方扣税凭证

4-4

3700062145　**山东增值税专用发票**　No 21654387

发票联

开票日期：2019年12月5日

购买方	名　　称：九江市盟祥联轴器有限公司 纳税人识别号：91360412664755617X 地址、电话：九江市柴桑区出口加工区三宝路2号　0792-8431689 开户行及账号：工行十里支行　1507230009024805948				密码区	略	
货物或应税劳务、服务名称	规格型号	单位	数量	单价	金额	税率	税额
运费					5 600.00	9%	504.00
合　计					￥5 600.00		￥504.00
价税合计（大写）	⊗陆仟壹佰零肆元整				（小写）￥6 104.00		
销售方	名　　称：烟台市顺发运输公司 纳税人识别号：91370602112358946X 地址、电话：山东省烟台市莱山区清泉路167号　0535-63290122 开户行及账号：工行莱山支行　1507233247854389001				备注	（鲁F57M65 烟台-九江 铸件）	

收款人：丁冉　　复核：胡明　　开票人：马虹　　销售方：（章）

第三联：发票联　购买方记账凭证

4-5

收 料 单

年 月 日　　　　编号：0001

材料编号	材料名称	规格	材质	单位	数量		实际单价	材料金额	运杂费	合计（材料实际成本）
					发货票	实收				
供货单位					结算方式		合同号		计划单价	材料/计划成本
备注										

第二联 记账（红色）

主管：　　质量检验员：　　仓库验收：　　经办人：

4-6

中国工商银行电汇凭证（回　单）

日期：2019年12月5日　　　　第00385426号

汇款人			收款人		
汇款人	全　称	九江市盟祥联轴器有限公司	收款人	全　称	烟台海盛贸易有限公司
	账　号	15072300009024805948		账　号	82600087567
	汇出地	江西省　九江市		汇入地	山东省　烟台市
金额	人民币（大写）：柒拾叁万贰仟柒佰柒拾肆元整				¥ 732 774.00
汇款用途：购买商品。			留行待取预留收款人印鉴		
上列款项已代进账，如有错误，请持此联来面洽。汇入行盖章 年 月 日			上列款项已照收无误。收款人盖章 年 月 日		科目（借）对方科目（贷）汇入行解汇日期 年 月 日 复核 记账 出纳

中国工商银行 九江市千里支行 2019.12.05 转讫

4-7

中国工商银行九江市支行

邮、电、手续费收费凭证（付出传票）

2019年12月5日　　　　第01846617号

缴款单位名称：九江市盟祥联轴器有限公司	账号：1507230009024805948	信汇笔数	电汇笔数	
		异地托收信用证	笔数	（邮）
				（电）

邮费金额					电费金额					手续费金额					合计金额					
百	十	元	角	分	百	十	元	角	分	百	十	元	角	分	千	百	十	元	角	分
											5	0	0	0		¥	5	0	0	0

合计金额	人民币（大写）：伍拾元整	中国工商银行九江市十里支行 2019.12.05 转讫 收款银行盖章　年　月　日

5-1

V036580　　　　候车：第二候车室

庐　山站　**D2236**　**武　汉**站

Lushan　　　　Wuhan

2019年12月02日09:44开　　15车07F号

¥71.00元　网折　　二等座

限乘当日当次车

3604031997****0328 徐花花

买票请到12306 发货请到95306
中国铁路祝您旅途愉快

25322311470728V036580 九江售

5-2

V036581　检票：B8
武　汉站　D3227　庐　山站
Wuhan　Lushan
2019年 12 月 04 日 17:30 开　04车01F号
¥　71.00　元　网折　二等座
限乘当日当次车
始发改签
3604031997****0328 徐花花
买票请到12306 发货请到95306
中国铁路祝您旅途愉快
25322311470728V036581　九江售

5-3

043001800104　**湖北增值税专用发票**　No 51606834

发票联

开票日期：2019 年 12 月 4 日

购买方
名　　称：九江市盟祥联轴器有限公司
纳税人识别号：91360412664755617X
地址、电话：九江市柴桑区出口加工区三宝路2号　0792-8431689
开户行及账号：工行十里支行　1507230009024805948

密码区：略

货物或应税劳务、服务名称	规格型号	单位	数量	单价	金额	税率	税额
*住宿服务*住宿费			2	240.00	452.83	6%	27.17
合　计					¥452.83		¥27.17
价税合计（大写）	⊗肆佰捌拾元整				（小写）¥480.00		

销售方
名　　称：武汉市鑫庭运输宾馆
纳税人识别号：92430103MA4PCTBL3L
地址、电话：武汉市武昌区经塔路5号　027-39012890
开户行及账号：工行经塔路支行　1507205689000640324

备注：（印章）武汉市鑫庭运输宾馆　92430103MA4PCTBL3L　发票专用章

收款人：桑茜　复核：吕露　开票人：刘小琴　销售方（章）

第二联：发票联　购买方记账凭证

5-4

差旅费报支单

单位名称__________　　　　　　年　　月　　日

出差人姓名				等　人				职别			出差事由					
起			止			地　点		车　船或步行	车船费	途中伙食补助		宿费	住　费		杂费	备　注
月	日	时	月	日	时	起	止		金　额	里程	金额	金额	天数	补助金额		
合　计																合计
核　支　数																合计
合计金额（大写）　万　仟　佰　拾　元　角　分																

附件（单据）　张

主管　　　　会计　　　　审核　　　　报领人

5-5

九江市统一收款收据

收款日期：　年　月　日　　　№0000（　　）

交款单位							
交款事项				交款方式			
金额（大写）	（￥　　　　）						
单位盖章		财务主管		记账		出纳	

第二联　收款单位记账凭证

6-1

3600131140　　**江西增值税专用发票**　　№ 02430563

此联不作报销、扣税凭证使用　　开票日期：2019年12月7日

购买方	名　　称：烟台鑫磊公司 纳税人识别号：91370602197725134X 地 址 、电 话：烟台市开发区轩海路321号　0535-3341999 开户行及账号：建行烟台市开发区支行　2400037100613200729	密码区	36/*6/>*5/<8*/8->85　加密版本：01 88-*632、6024//<5601　3600131140 83*75379<**8>6539<6　02430563 18+81+Q987*6>-185>>23

货物或应税劳务、服务名称	规格型号	单位	数量	单价	金额	税率	税额
电联轴器甲		台	400	2 900.00	1 160 000.00	13%	150 800.00
电联轴器乙		台	300	3 500.00	1 050 000.00	13%	136 500.00
电联轴器丙		台	100	4 100.00	410 000.00	13%	53 300.00
合　计					¥2 620 000.00		¥340 600.00
价税合计（大写）	⊗贰佰玖拾陆万零陆佰元整				（小写）¥2 960 600.00		

销售方	名　　称：九江市盟祥联轴器有限公司 纳税人识别号：91360412664755617X 地 址 、电 话：九江市柴桑区出口加工区三宝路2号　0792-8431689 开户行及账号：工行十里支行　1507230009024805948	备注	九江市盟祥联轴器有限公司 91360412664755617X 发票专用章

收款人：丁宁　　复核：徐娜　　开票人：史慧　　销售方：（章）

第一联：记账联　销售方记账凭证

6-2

中国工商银行电汇凭证（收款通知）

日期：2019年12月7日　　第00546733号

汇款人	全　称	烟台鑫磊公司	收款人	全　称	九江市盟祥联轴器有限公司
	账　号	2400037100613200729		账　号	1507230009024805948
	汇出地	山东省　烟台市		汇入地	江西省　九江市
金额	人民币（大写）：贰佰玖拾陆万零陆佰元整				¥ 2 960 600.00
汇款用途： 购买商品。			留行待取预留 收款人印鉴		
上列款项已代进账，如有错误，请持此联来面洽。 汇入行盖章 年　月　日		上列款项已照收无误。 收款人盖章 年　月　日		科目（借） 对方科目（贷） 汇入行解汇日期　年　月　日 复核　记账　出纳	

中国工商银行 烟台市福海支行 2019.12.07 转讫

6-3

产品出库单

用途： 2019年12月7日 编号：001

编号	名称及规格	单位	数量		单位成本	总成本	备注
			申请数量	实发数量			
	电联轴器甲	台	400	400			
	电联轴器乙	台	300	300			
	电联轴器丙	台	100	100			
合计							

主管： 会计： 发货： 制单： 领单：

第二联 记账（红色）

7-1

领料单

领料部门：车间 开票日期：2019年12月9日 字第0007号

材料名称	规格	单位	请领数量	实发数量	价格	
					单价	金额
昆仑抗磨液压油		桶	1	1		
用途	车间用		领料部门		发料部门	
			负责人	领料人	核准人	发料人
				熊浩		筱年

第二联 记账（红色）

7-2

领料单

领料部门：车间 开票日期：2019年12月9日 字第0008号

材料名称	规格	单位	请领数量	实发数量	价格	
					单价	金额
线切割乳化液		千克	1	1		
用途	车间用		领料部门		发料部门	
			负责人	领料人	核准人	发料人
				熊浩		筱年

第二联 记账（红色）

7-3

领 料 单

领料部门：车间　　开票日期：2019年12月9日　　字第0009号

<table>
<tr><td rowspan="2">材料名称</td><td rowspan="2">规 格</td><td rowspan="2">单 位</td><td rowspan="2">请领数量</td><td rowspan="2">实发数量</td><td colspan="2">价格</td></tr>
<tr><td>单价</td><td>金额</td></tr>
<tr><td>工具</td><td></td><td>件</td><td>12</td><td>12</td><td></td><td></td></tr>
<tr><td rowspan="3">用 途</td><td rowspan="3">车间用</td><td colspan="2">领料部门</td><td colspan="2">发料部门</td></tr>
<tr><td>负责人</td><td>领料人</td><td>核准人</td><td>发料人</td></tr>
<tr><td></td><td>熊洁</td><td></td><td>筱年</td></tr>
</table>

第二联 记账（红色）

7-4

领 料 单

领料部门：车间　　开票日期：2019年12月9日　　字第0010号

<table>
<tr><td rowspan="2">材料名称</td><td rowspan="2">规 格</td><td rowspan="2">单 位</td><td rowspan="2">请领数量</td><td rowspan="2">实发数量</td><td colspan="2">价格</td></tr>
<tr><td>单价</td><td>金额</td></tr>
<tr><td>工作服</td><td></td><td>套</td><td>56</td><td>56</td><td></td><td></td></tr>
<tr><td rowspan="3">用 途</td><td rowspan="3">车间用</td><td colspan="2">领料部门</td><td colspan="2">发料部门</td></tr>
<tr><td>负责人</td><td>领料人</td><td>核准人</td><td>发料人</td></tr>
<tr><td></td><td>熊洁</td><td></td><td>筱年</td></tr>
</table>

第二联 记账（红色）

7-5

领 料 单

领料部门：厂长办公室　　开票日期：2019年12月9日　　字第0011号

<table>
<tr><td rowspan="2">材料名称</td><td rowspan="2">规 格</td><td rowspan="2">单 位</td><td rowspan="2">请领数量</td><td rowspan="2">实发数量</td><td colspan="2">价格</td></tr>
<tr><td>单价</td><td>金额</td></tr>
<tr><td>管理用具</td><td></td><td>件</td><td>20</td><td>20</td><td></td><td></td></tr>
<tr><td rowspan="3">用 途</td><td rowspan="3">行政部门用</td><td colspan="2">领料部门</td><td colspan="2">发料部门</td></tr>
<tr><td>负责人</td><td>领料人</td><td>核准人</td><td>发料人</td></tr>
<tr><td></td><td>司敏</td><td></td><td>筱年</td></tr>
</table>

第二联 记账（红色）

7-6

领　料　单

领料部门：销售科　　　　开票日期：2019年12月9日　　　　字第0012号

材料名称	规 格	单 位	请领数量	实发数量	价格	
					单价	金额
工作服		套	52	52		
用 途	销售部门用		领料部门		发料部门	
			负责人	领料人	核准人	发料人
				彭然		筱年

第二联　记账（红色）

7-7

领　料　单

领料部门：销售科　　　　开票日期：2019年12月9日　　　　字第0013号

材料名称	规 格	单 位	请领数量	实发数量	价格	
					单价	金额
包装箱		个	3	3		
用 途	销售部门用		领料部门		发料部门	
			负责人	领料人	核准人	发料人
				彭然		筱年

第二联　记账（红色）

8-1

3100061140 **上海增值税专用发票** № 06755891

抵扣联

开票日期：2019年12月10日

购买方	名　　称：九江市盟祥联轴器有限公司 纳税人识别号：913604126647556l7X 地 址 、电 话：九江市柴桑区出口加工区三宝路2号　0792-8431689 开户行及账号：工行十里支行　1507230009024805948	密码区	36/*6*>8*5/5/<88->*　加密版本：01 88-*630<8*/24//<5601　3100061140 +Q9*6*75379+81>8783*>　06755891 -185>>2618<**8>6539<6

货物或应税劳务、服务名称	规格型号	单位	数量	单价	金额	税率	税额
钢材		吨	150	3 640.00	546 000.00	13%	70 980.00
铁板		吨	130	3 810.00	495 300.00	13%	64 389.00
合　计					¥1 041 300.00		¥135 369.00
价税合计（大写）	⊗壹佰壹拾柒万陆仟陆佰陆拾玖元整					（小写）¥1 176 669.00	

销售方	名　　称：上海青山贸易有限公司 纳税人识别号：91310114170623878X 地 址 、电 话：上海市普陀区中山北路18号　021-65824672 开户行及账号：建行中山北路支行　11050003402	备注	电汇 上海青山贸易有限公司 91310114170623878X 发票专用章

收款人：姚立　　复核：秦海　　开票人：王石　　销售方：（章）

第二联：抵扣联　购买方扣税凭证

8-2

3100061140 **上海增值税专用发票** № 06755891

发票联

开票日期：2019年12月10日

购买方	名　　称：九江市盟祥联轴器有限公司 纳税人识别号：913604126647556l7X 地 址 、电 话：九江市柴桑区出口加工区三宝路2号　0792-8431689 开户行及账号：工行十里支行　1507230009024805948	密码区	36/*6*>8*5/5/<88->*　加密版本：01 88-*630<8*/24//<5601　3100061140 +Q9*6*75379+81>8783*>　06755891 -185>>2618<**8>6539<6

货物或应税劳务、服务名称	规格型号	单位	数量	单价	金额	税率	税额
钢材		吨	150	3 640.00	546 000.00	13%	70 980.00
铁板		吨	130	3 810.00	495 300.00	13%	64 389.00
合　计					¥1 041 300.00		¥135 369.00
价税合计（大写）	⊗壹佰壹拾柒万陆仟陆佰陆拾玖元整					（小写）¥1 176 669.00	

销售方	名　　称：上海青山贸易有限公司 纳税人识别号：91310114170623878X 地 址 、电 话：上海市普陀区中山北路18号　021-65824672 开户行及账号：建行中山北路支行　11050003402	备注	电汇 上海青山贸易有限公司 91310114170623878X 发票专用章

收款人：姚立　　复核：秦海　　开票人：王石　　销售方：（章）

第三联：发票联　购买方记账凭证

8-3

3100114760　**上海增值税专用发票**　№ 87654321

抵扣联　　开票日期：2019年12月10日

购买方	名　　称：九江市盟祥联轴器有限公司 纳税人识别号：91360412664755617X 地 址 、电 话：九江市柴桑区出口加工区三宝路2号　0792-8431689 开户行及账号：工行十里支行　1507230009024805948				密码区	略	
货物或应税劳务、服务名称	规格型号	单位	数量	单价	金额	税率	税额
运费					8 200.00	9%	738.00
合　计					¥8 200.00		¥738.00
价税合计（大写）	⊗捌仟玖佰叁拾捌元整					（小写）¥8 938.00	
销售方	名　　称：上海市金鑫运输公司 纳税人识别号：91310114178259632X 地 址 、电 话：上海市金山区萧山路25号　021-47564392 开户行及账号：工行萧山路支行　1507236894259024367				备注	（沪A35LT8金山-九江 板材）	

收款人：赵佳　　复核：盖斌　　开票人：李娟　　销售方（章）

第二联：抵扣联　购买方扣税凭证

8-4

3100114760　**上海增值税专用发票**　№ 87654321

发票联　　开票日期：2019年12月10日

购买方	名　　称：九江市盟祥联轴器有限公司 纳税人识别号：91360412664755617X 地 址 、电 话：九江市柴桑区出口加工区三宝路2号　0792-8431689 开户行及账号：工行十里支行　1507230009024805948				密码区	略	
货物或应税劳务、服务名称	规格型号	单位	数量	单价	金额	税率	税额
运费					8 200.00	9%	738.00
合　计					¥8 200.00		¥738.00
价税合计（大写）	⊗捌仟玖佰叁拾捌元整					（小写）¥8 938.00	
销售方	名　　称：上海市金鑫运输公司 纳税人识别号：91310114178259632X 地 址 、电 话：上海市金山区萧山路25号　021-47564392 开户行及账号：工行萧山路支行　1507236894259024367				备注	（沪A35LT8金山-九江 板材）	

收款人：赵佳　　复核：盖斌　　开票人：李娟　　销售方（章）

第三联：发票联　购买方记账凭证

8-5

中国工商银行电汇凭证（回　单）

日期：2019年12月10日　　　　第00385427号

汇款人	全　称	九江市盟祥联轴器有限公司	收款人	全　称	上海青山贸易有限公司
	账　号	1507230009024805948		账　号	11050003402
	汇出地	江西省　九江市		汇入地	上海市　普陀区
金额	人民币（大写）：壹佰壹拾柒万柒仟肆佰零柒元整　　¥ 1 177 407.00				
汇款用途： 购买商品。			留行待取预留 收 款 人 印 鉴		
上列款项已代进账，如有错误，请持此联来面洽。 汇入行盖章 年　月　日		上列款项已照收无误。 收款人盖章 年　月　日	科目（借） 对方科目（贷） 汇入行解汇日期　年　月　日 复核　记账　出纳		

中国工商银行
九江市十里支行
2019.12.10
转讫

8-6

收　料　单

年　　月　　日　　　　编号：0002

材料编号	材料名称	规格	材质	单位	数量		实际单价	材料金额	运杂费	合计（材料实际成本）
					发货票	实收				
供货单位					结算方式		合同号		计划单价	材料/计划成本
备注										

主管：　　质量检验员：　　仓库验收：　　经办人：

第二联　记账（红色）

8-7

中国工商银行九江市支行

邮、电、手续费收费凭证（付出传票）

2019年12月10日 第01846647号

<table>
<tr><td colspan="10" rowspan="3">缴款单位名称：九江市盟祥联轴器有限公司</td><td colspan="8" rowspan="3">账号：1507230009024805948</td><td colspan="2">信汇笔数</td><td colspan="2">电汇笔数</td></tr>
<tr><td colspan="2" rowspan="2">异地托收信用证</td><td rowspan="2">笔数</td><td>（邮）</td></tr>
<tr><td>（电）</td></tr>
<tr><td colspan="5">邮费金额</td><td colspan="5">电费金额</td><td colspan="5">手续费金额</td><td colspan="6">合计金额</td><td rowspan="3" colspan="3">中国工商银行
九江市十里支行
2019.12.10
转
讫</td></tr>
<tr><td>百</td><td>十</td><td>元</td><td>角</td><td>分</td><td>百</td><td>十</td><td>元</td><td>角</td><td>分</td><td>百</td><td>十</td><td>元</td><td>角</td><td>分</td><td>千</td><td>百</td><td>十</td><td>元</td><td>角</td><td>分</td></tr>
<tr><td></td><td></td><td></td><td></td><td></td><td></td><td></td><td></td><td></td><td></td><td></td><td>7</td><td>0</td><td>0</td><td>0</td><td></td><td>¥</td><td>7</td><td>0</td><td>0</td><td>0</td></tr>
<tr><td colspan="4">合计金额</td><td colspan="17">人民币（大写）：柒拾元整</td><td colspan="3">收款银行盖章 年 月 日</td></tr>
</table>

9-1

领 料 单

领料部门：车间 开票日期：2019年12月12日 字第0014号

<table>
<tr><td rowspan="2">材料名称</td><td rowspan="2">规 格</td><td rowspan="2">单 位</td><td rowspan="2">请领数量</td><td rowspan="2">实发数量</td><td colspan="2">价格</td></tr>
<tr><td>单价</td><td>金额</td></tr>
<tr><td>钢材</td><td></td><td>吨</td><td>22.2</td><td>22.2</td><td></td><td></td></tr>
<tr><td rowspan="3">用 途</td><td rowspan="3" colspan="2">电联轴器甲</td><td colspan="2">领料部门</td><td colspan="2">发料部门</td></tr>
<tr><td>负责人</td><td>领料人</td><td>核准人</td><td>发料人</td></tr>
<tr><td></td><td>熊浩</td><td></td><td>筱年</td></tr>
</table>

第二联 记账（红色）

9-2

领 料 单

领料部门：车间 开票日期：2019年12月12日 字第0015号

<table>
<tr><td rowspan="2">材料名称</td><td rowspan="2">规 格</td><td rowspan="2">单 位</td><td rowspan="2">请领数量</td><td rowspan="2">实发数量</td><td colspan="2">价格</td></tr>
<tr><td>单价</td><td>金额</td></tr>
<tr><td>钢材</td><td></td><td>吨</td><td>28</td><td>28</td><td></td><td></td></tr>
<tr><td rowspan="3">用 途</td><td rowspan="3" colspan="2">电联轴器乙</td><td colspan="2">领料部门</td><td colspan="2">发料部门</td></tr>
<tr><td>负责人</td><td>领料人</td><td>核准人</td><td>发料人</td></tr>
<tr><td></td><td>熊浩</td><td></td><td>筱年</td></tr>
</table>

第二联 记账（红色）

9-3

领 料 单

领料部门：车间 开票日期：2019年12月12日 字第0016号

<table>
<tr><td rowspan="2">材料名称</td><td rowspan="2">规 格</td><td rowspan="2">单 位</td><td rowspan="2">请领数量</td><td rowspan="2">实发数量</td><td colspan="2">价格</td></tr>
<tr><td>单价</td><td>金额</td></tr>
<tr><td>钢材</td><td></td><td>吨</td><td>20</td><td>20</td><td></td><td></td></tr>
<tr><td rowspan="3">用 途</td><td rowspan="3" colspan="2">电联轴器丙</td><td colspan="2">领料部门</td><td colspan="2">发料部门</td></tr>
<tr><td>负责人</td><td>领料人</td><td>核准人</td><td>发料人</td></tr>
<tr><td></td><td>熊浩</td><td></td><td>筱年</td></tr>
</table>

第二联 记账（红色）

9-4

领 料 单

领料部门：车间 开票日期：2019年12月12日 字第0017号

<table>
<tr><td rowspan="2">材料名称</td><td rowspan="2">规 格</td><td rowspan="2">单 位</td><td rowspan="2">请领数量</td><td rowspan="2">实发数量</td><td colspan="2">价格</td></tr>
<tr><td>单价</td><td>金额</td></tr>
<tr><td>铁板</td><td></td><td>吨</td><td>21</td><td>21</td><td></td><td></td></tr>
<tr><td rowspan="3">用 途</td><td rowspan="3" colspan="2">电联轴器甲</td><td colspan="2">领料部门</td><td colspan="2">发料部门</td></tr>
<tr><td>负责人</td><td>领料人</td><td>核准人</td><td>发料人</td></tr>
<tr><td></td><td>熊浩</td><td></td><td>筱年</td></tr>
</table>

第二联 记账（红色）

9–5

领　料　单

领料部门：车间　　　　开票日期：2019年12月12日　　　　字第0018号

材料名称	规格	单位	请领数量	实发数量	价格	
					单价	金额
铁板		吨	24	24		
用途	电联轴器乙		领料部门		发料部门	
			负责人	领料人	核准人	发料人
				熊浩		筱年

第二联　记账（红色）

9–6

领　料　单

领料部门：车间　　　　开票日期：2019年12月12日　　　　字第0019号

材料名称	规格	单位	请领数量	实发数量	价格	
					单价	金额
铁板		吨	15	15		
用途	电联轴器丙		领料部门		发料部门	
			负责人	领料人	核准人	发料人
				熊浩		筱年

第二联　记账（红色）

9–7

领　料　单

领料部门：车间　　　　开票日期：2019年12月12日　　　　字第0020号

材料名称	规格	单位	请领数量	实发数量	价格	
					单价	金额
电机甲		台	170	170		
用途	电联轴器甲		领料部门		发料部门	
			负责人	领料人	核准人	发料人
				熊浩		筱年

第二联　记账（红色）

9-8

领　料　单

领料部门：车间　　　　开票日期：2019年12月12日　　　　字第0021号

材料名称	规格	单位	请领数量	实发数量	价格	
					单价	金额
电机乙		台	200	200		
用途	电联轴器乙		领料部门		发料部门	
			负责人	领料人	核准人	发料人
				熊浩		筱年

第二联　记账（红色）

9-9

领　料　单

领料部门：车间　　　　开票日期：2019年12月12日　　　　字第0022号

材料名称	规格	单位	请领数量	实发数量	价格	
					单价	金额
电机丙		台	120	120		
用途	电联轴器丙		领料部门		发料部门	
			负责人	领料人	核准人	发料人
				熊浩		筱年

第二联　记账（红色）

10-1

收款收据

收款日期：2019年12月12日　　　　№0035742

付款单位（交款人）	九江市盟祥联轴器有限公司	收款单位（收款人）	九江市融资公司	收款项目	融资租赁费

人民币（大写）	百	十	万	千	百	十	元	角	分	结算方式
壹万壹仟元整		¥	1	1	0	0	0	0	0	转账支票

收款事由	融资租赁费	经办	部门	财务科
			人员	谈佳

上述款项照数收讫无误。收款单位专用章：（领款人签章）	会计主管	稽核	出纳	交款人
	刘应		王文	刘珊

九江市融资公司 财务专用章

第三联　付款单位记账凭证

10-2

中国工商银行 转账支票存根（赣） 000942301
附加信息：________
出票日期：　　年　月　日
收款人：
金　额：
用　途：
单位主管　　　会计

11-1

财务科：

生产车间工人万华因违章操作，导致一台电机(乙)损坏，经厂长办公室决定，对其处罚556元。

现金收讫

厂长办公室

2019年12月13日

11-2

九江市统一收款收据

收款日期：　年　月　日　　№0000（　）

交款单位							
交款事项			交款方式				
金额（大写）			（¥　　）				
单位盖章		财务主管		记账		出纳	

第二联　收款单位记账凭证

12-1

3600131140 **江西增值税专用发票** № 02430564

此联不作报销、扣税凭证使用　　开票日期：2019年12月14日

购买方	名称：青岛鹏程工贸有限公司 纳税人识别号：91370607712345579X 地址、电话：青岛市四方区东方路 0532-85632325 开户行及账号：建行青岛市四方区支行 2400036100613200637	密码区	36/*6*>*5/<8*/8->85 88-*632.6024//<5601 83*75379<**8>6539<6 18+81+Q987*6>-185>>23	加密版本：01 3600131140 02430564

货物或应税劳务、服务名称	规格型号	单位	数量	单价	金额	税率	税额
电联轴器甲		台	200	2 900.00	580 000.00	13%	75 400.00
电联轴器乙		台	300	3 500.00	1 050 000.00	13%	136 500.00
电联轴器丙		台	300	4 100.00	1 230 000.00	13%	159 900.00
合　计					￥2 860 000.00		￥371 800.00
价税合计（大写）	⊗叁佰贰拾叁万壹仟捌佰元整				（小写）￥3 231 800.00		

销售方	名称：九江市盟祥联轴器有限公司 纳税人识别号：91360412664755617X 地址、电话：九江市柴桑区出口加工区三宝路2号 0792-8431689 开户行及账号：工行九江市十里支行 1507230009024805948	备注	九江市盟祥联轴器有限公司 91360412664755617X 发票专用章

收款人：丁宁　　复核：徐娜　　开票人：史慧　　销售方：（章）

第一联：记账联　销售方记账凭证

12-2

产品出库单

用途：　　2019年12月14日　　编号：001

编号	名称及规格	单位	数量		单位成本	总成本	备注
			申请数量	实发数量			
	电联轴器甲	台	200	200			
	电联轴器乙	台	300	300			
	电联轴器丙	台	300	300			
	合计						

主管：　　会计：　　发货：　　制单：　　领单：

第二联　记账（红色）

13

3600131372 **江西增值税普通发票** № 02430276

（国家税务总局监制 发票联）

开票日期：2019年12月14日

购买方	名称：九江市盟祥联轴器有限公司 纳税人识别号：91360412664755617X 地址、电话：九江市柴桑区出口加工区三宝路2号 0792-8431689 开户行及账号：工行十里支行 15072300090248O5948				密码区	略		
货物或应税劳务、服务名称	规格型号	单位	数量	单价	金额	税率	税额	
餐费	现金付讫				271.84	3%	8.16	
合计					￥271.84		￥8.16	
价税合计（大写）	⊗贰佰捌拾元整					（小写）￥280.00		
销售方	名称：九江经济技术开发区千代烤鱼店 纳税人识别号：91360412664755617X 地址、电话：九江市联盛快东城 0792-8123691 开户行及账号：工行开发区支行 15072300091635872				备注	九江经济技术开发区千代烤鱼店 91360412664755617X 发票专用章		

收款人：应良　　复核：周晓　　开票人：聂琴　　销售方：（章）

第二联：发票联 购买方记账凭证

14

中华人民共和国
税收完税证明

（国家税务总局 税收 票证监制章）

填发日期：2019年12月15日　　税务机关：九江市税务局

纳税人识别号	91360412664755617X		纳税人名称	九江市盟祥联轴器有限公司	
原凭证号	税种	品目名称	税款所属时间	入（退）库日期	实缴（退）金额
	增值税 城市维护建设税 教育费附加 个人所得税		2019年11月1日至 2019年11月30日		187 306.16 13 111.43 5 619.18 813.00
金额合计	（大写）人民币：贰拾万陆仟捌佰肆拾玖元柒角柒分				￥206 849.77
九江市税务局 税务机关 008号 征税专用章 （盖章）	九江市盟祥联轴器有限公司 财务专用章 填票人：龙太敏		备注 应税凭证序号：22567829318593681 冯诗雅 050988695		

系统税票号码：227965483403182910　　妥善保管　　手写无效

第一联（收据）交纳税人作完税证明

15

3600131189　　**江西增值税普通发票**　　№ 02430329

发票联

开票日期：2019年12月15日

购买方	名　　称：九江市盟祥联轴器有限公司 纳税人识别号：91360412664755617X 地 址 、电 话：九江市柴桑区出口加工区三宝路2号　0792-8431689 开户行及账号：工行十里支行　15072300090248O5948				密码区	略	
货物或应税劳务、服务名称	规格型号	单位	数量	单价	金额	税率	税额
油费	95#（VIA）	升	56.227209	6.309735	353.98	13%	46.02
合　计					¥353.98		¥46.02
价税合计（大写）	⊗肆佰元整				（小写）¥400.00		
销售方	名　　称：九江石化总公司 纳税人识别号：91360403186456746X 地 址 、电 话：滨江东路228号　0792-8226543 开户行及账号：工行滨江支行　15072300095643689				备注		

收款人：周小霞　　复核：金浩　　开票人：刘娜　　销售方：（章）

注：现金支付。

16-1

3600131189　　**江西增值税普通发票**　　№ 02430329

发票联

开票日期：2019年12月15日

购买方	名　　称：九江市盟祥联轴器有限公司 纳税人识别号：91360412664755617X 地 址 、电 话：九江市柴桑区出口加工区三宝路2号　0792-8431689 开户行及账号：工行十里支行　15072300090248O5948				密码区	略	
货物或应税劳务、服务名称	规格型号	单位	数量	单价	金额	税率	税额
技术费					27 184.47	3%	815.53
合　计					¥27 184.47		¥815.53
价税合计（大写）	⊗贰万捌仟元整				（小写）¥28 000.00		
销售方	名　　称：江西省九江市707研究所 纳税人识别号：91360412664775731X 地 址 、电 话：江西省九江市前进西路156号　0792-8235561 开户行及账号：工行十里支行　15072300090248O5948				备注		

收款人：赵琴　　复核：胡丽霞　　开票人：张洁　　销售方：（章）

第二联：发票联　购买方记账凭证

16-2

中国工商银行

转账支票存根（赣）

000942302

附加信息：______________________

____

____

出票日期：　　　年　　月　　日

收款人：	
金　额：	
用　途：	

单位主管　　　　会计

17-1

3700062140　　**江西增值税专用发票**　　№ 06724871

抵扣联

开票日期：2019年12月16日

购买方
名　　称：九江市盟祥联轴器有限公司
纳税人识别号：91360412664755617X
地址、电话：九江市柴桑区出口加工区三宝路2号　0792-8431689
开户行及账号：工行十里支行　1507230009024805948

密码区
36/*6*>*5/<8*/8->85
88-*632.6024//<5601
83*75379<**8>6539<6
18+81+Q987*6>-185>>26
加密版本：01
3700062140
06724871

货物或应税劳务、服务名称	规格型号	单位	数量	单价	金额	税率	税额
修理费					10 000.00	13%	1 300.00
合　计					￥10 000.00		￥1 300.00
价税合计（大写）	⊗壹万壹仟叁佰元整				（小写）￥11 300.00		

销售方
名　　称：九江市诚信修理厂
纳税人识别号：91360412664745357X
地址、电话：九江市十里大道235号　0792-8564328
开户行及账号：农行庐山区支行　82600088792

备注：转账支票

收款人：刘磊　　复核：李华　　开票人：王海　　销售方：（章）

第二联：抵扣联　购买方扣税凭证

17-2

3700062140　　**江西增值税专用发票**　　№ 06724871

发票联

开票日期：2019 年 12 月 16 日

购买方	名　　称：九江市盟祥联轴器有限公司 纳税人识别号：91360412664755617X 地 址 、电 话：九江市柴桑区出口加工区三宝路2号　0792-8431689 开户行及账号：工行十里支行　1507230009024805948	密码区	36/*6*>*5/<8*/8->85　加密版本：01 88-*632.6024//<5601　3700062140 83*75379<**8>6539<6　06724871 18+81+Q987*6>-185>>26

货物或应税劳务、服务名称	规格型号	单位	数量	单价	金额	税率	税额
修理费					10 000.00	13%	1 300.00
合　计					￥10 000.00		￥1 300.00
价税合计（大写）	⊗壹万壹仟叁佰元整				（小写）￥11 300.00		

销售方	名　　称：九江市诚信修理厂 纳税人识别号：91360412664745357X 地 址 、电 话：九江市十里大道235号　0792-8564328 开户行及账号：农行庐山区支行　82600088792	备注	转账支票 （印章：九江市诚信修理厂 91360412664745357X 税务专用章）

收款人：刘磊　　复核：李华　　开票人：王海　　销售方：（章）

第三联：发票联　购买方记账凭证

17-3

中国工商银行

转账支票存根（赣）

000942303

附加信息：________________

____

____

出票日期：　　年　月　日

收款人：	
金　额：	
用　途：	

单位主管　　　会计

18-1

3700061140 **山东增值税专用发票** № 07834684

抵扣联

开票日期：2019年12月17日

购买方	名　　称：九江市盟祥联轴器有限公司 纳税人识别号：913604126647556I7X 地 址 、电 话：九江市柴桑区出口加工区三宝路2号　0792-8431689 开户行及账号：工行十里支行　1507230009024805948	密码区	36/*6*>*/8->*5/<885　加密版本：01 88-*630<8*/24//<5601　3700062140 *75379<**8>6539<683　07834684 -185>>2618+81+Q9*6>87

货物或应税劳务、服务名称	规格型号	单位	数量	单价	金额	税率	税额
电机	甲	台	350	248.00	86 800.00	13%	11 284.00
电机	乙	台	400	556.00	222 400.00	13%	28 912.00
电机	丙	台	240	776.00	186 240.00	13%	24 211.20
合　计					￥495 440.00		￥64 407.20
价税合计（大写）	⊗伍拾伍万玖仟捌佰肆拾柒元贰角				（小写）￥559 847.20		

销售方	名　　称：威海凤祥贸易有限公司 纳税人识别号：91371002780400001X 地 址 、电 话：威海市解放路17号　0631-5235503 开户行及账号：农行解放路支行　56012364011	备注	托收承付 （印章：威海凤祥贸易有限公司 91371002780400001X 发票专用章）

收款人：高琴　　复核：宋运　　开票人：张天　　销售方：（章）

第二联：抵扣联 购买方扣税凭证

18-2

3700061140 **山东增值税专用发票** № 07834684

发票联

开票日期：2019年12月17日

购买方	名　　称：九江市盟祥联轴器有限公司 纳税人识别号：913604126647556I7X 地 址 、电 话：九江市柴桑区出口加工区三宝路2号　0792-8431689 开户行及账号：工行十里支行　1507230009024805948	密码区	36/*6*>*/8->*5/<885　加密版本：01 88-*630<8*/24//<5601　3700062140 *75379<**8>6539<683　07834684 -185>>2618+81+Q9*6>87

货物或应税劳务、服务名称	规格型号	单位	数量	单价	金额	税率	税额
电机	甲	台	350	248.00	86 800.00	13%	11 284.00
电机	乙	台	400	556.00	222 400.00	13%	28 912.00
电机	丙	台	240	776.00	186 240.00	13%	24 211.20
合　计					￥495 440.00		￥64 407.20
价税合计（大写）	⊗伍拾伍万玖仟捌佰肆拾柒元贰角				（小写）￥559 847.20		

销售方	名　　称：威海凤祥贸易有限公司 纳税人识别号：91371002780400001X 地 址 、电 话：威海市解放路17号　0631-5235503 开户行及账号：农行解放路支行　56012364011	备注	托收承付 （印章：威海凤祥贸易有限公司 91371002780400001X 发票专用章）

收款人：高琴　　复核：宋运　　开票人：张天　　销售方：（章）

第三联：发票联 购买方记账凭证

18-3

3700062178 **山东增值税专用发票** № 21654537

抵扣联

开票日期：2019 年 12 月 17 日

购买方
名　　称：九江市盟祥联轴器有限公司
纳税人识别号：91360412664755617X
地 址 、电 话：九江市柴桑区出口加工区三宝路2号　0792-8431689
开户行及账号：工行十里支行　1507230009024805948

密码区：略

货物或应税劳务、服务名称	规格型号	单位	数量	单价	金额	税率	税额
运费					3 300.00	9%	297.00
合　计					￥3 300.00		￥297.00
价税合计（大写）	⊗叁仟伍佰玖拾柒元整				（小写）￥3 597.00		

销售方
名　　称：威海天天发运输公司
纳税人识别号：91370602112376955X
地 址 、电 话：威海市文化西路370号　0631-57459018
开户行及账号：工行文化西路支行　1507206789034217532

备注：（鲁K HT249威海-九江　电机）

威海天天发运输公司 91370602112376955X 发票专用章

收款人：蔡晟　　复核：胡远之　　开票人：陈飞　　销售方：（章）

第二联：抵扣联　购买方扣税凭证

18-4

3700062178 **山东增值税专用发票** № 21654537

发票联

开票日期：2019 年 12 月 17 日

购买方
名　　称：九江市盟祥联轴器有限公司
纳税人识别号：91360412664755617X
地 址 、电 话：九江市柴桑区出口加工区三宝路2号　0792-8431689
开户行及账号：工行十里支行　1507230009024805948

密码区：略

货物或应税劳务、服务名称	规格型号	单位	数量	单价	金额	税率	税额
运费					3 300.00	9%	297.00
合　计					￥3 300.00		￥297.00
价税合计（大写）	⊗叁仟伍佰玖拾柒元整				（小写）￥3 597.00		

销售方
名　　称：威海天天发运输公司
纳税人识别号：91370602112376955X
地 址 、电 话：威海市文化西路370号　0631-57459018
开户行及账号：工行文化西路支行　1507206789034217532

备注：（鲁K HT249威海-九江　电机）

威海天天发运输公司 91370602112376955X 发票专用章

收款人：蔡晟　　复核：胡远之　　开票人：陈飞　　销售方：（章）

第三联：发票联　购买方记账凭证

注：此处运费平均分配。

18-5

中国工商银行**托收凭证**（付款通知） **5**

委托日期：2019年12月15日 第00793562号

<table>
<tr><td colspan="2">业务类型</td><td colspan="4">委托收款（□邮划、□电划）　托收承付（□邮划、☑电划）</td></tr>
<tr><td rowspan="3">付款人</td><td>全　　称</td><td>九江市盟祥联轴器有限公司</td><td rowspan="3">收款人</td><td>全　　称</td><td>威海凤祥贸易有限公司</td></tr>
<tr><td>账号或地址</td><td>1507230009024805948</td><td>账号或地址</td><td>56012364011</td></tr>
<tr><td>开户银行</td><td>工行十里支行</td><td>开户银行</td><td>农行解放路支行</td></tr>
<tr><td>金额</td><td colspan="3">人民币（大写）伍拾伍万玖仟柒佰捌拾壹元贰角</td><td colspan="2">千 百 十 万 千 百 十 元 角 分
　 ¥ 5 5 9 7 8 1 2 0</td></tr>
<tr><td colspan="2">款项内容</td><td>货款</td><td colspan="2">附寄单证张数</td><td>2张</td></tr>
<tr><td colspan="2">商品发运情况</td><td></td><td colspan="2">合同名称号码</td><td></td></tr>
<tr><td colspan="2">备注：
付款人开户银行收到日期
年　月　日
复核　　记账</td><td>付款人开户银行签章
年　月　日
[印章：中国工商银行九江市十里支行 到期日期 2019.12.18 收到日期 2019.12.15 委托收款专用章]</td><td colspan="3">付款人注意：
1.根据支付结算办法，上列委托收款（托收承付）款项在付款期限内未提出拒付，即视为同意付款，以此代付款通知。
2.如需提出全部或部分拒付，应在规定期限内，将拒付理由书并附债务证明退交开户银行。</td></tr>
</table>

18-6

收　料　单

年　　月　　日　　　　编号：0003

<table>
<tr><td rowspan="2">材料编号</td><td rowspan="2">材料名称</td><td rowspan="2">规格</td><td rowspan="2">材质</td><td rowspan="2">单位</td><td colspan="2">数　量</td><td rowspan="2">实际单价</td><td rowspan="2">材料金额</td><td rowspan="2">运杂费</td><td rowspan="2">合计（材料实际成本）</td></tr>
<tr><td>发货票</td><td>实收</td></tr>
<tr><td></td><td></td><td></td><td></td><td></td><td></td><td></td><td></td><td></td><td></td><td></td></tr>
<tr><td colspan="2">供货单位</td><td colspan="3"></td><td>结算方式</td><td></td><td>合同号</td><td></td><td>计划单价</td><td>材料/计划成本</td></tr>
<tr><td colspan="2">备注</td><td colspan="7"></td><td></td><td></td></tr>
</table>

第二联 记账（红色）

主管：　　质量检验员：　　仓库验收：　　经办人：

19-1

3600133140 **江西增值税专用发票** № 02203335

抵扣联

开票日期：2019年12月18日

购买方	名　　称：九江市盟祥联轴器有限公司 纳税人识别号：9136041266475561 7X 地 址 、电 话：九江市柴桑区出口加工区三宝路2号　0792-8431689 开户行及账号：工行十里支行　1507230009024805948	密码区	>266<40>31604>7<30>-1 加密版本：01 8/+7>67+787*51*9>468*　3600131140 4508539-9423730/6/8*-　02203335 +8449772*6122>67/>>-6

货物或应税劳务、服务名称	规格型号	单位	数量	单价	金额	税率	税额
昆仑抗磨液压油	170kg	桶	1	1 829.0598	1 829.06	13%	237.78
线切割乳化液	15kg	千克	10	188.0341	1 880.34	13%	244.44
合　计					¥3 709.40		¥482.22
价税合计（大写）	⊗肆仟壹佰玖拾壹元陆角贰分				（小写）¥4 191.62		

销售方	名　　称：九江市长海润滑油销售中心 纳税人识别号：91360402741971269X 地 址 、电 话：九江市十里大道858号　0792-8265027 开户行及账号：工行十里支行　1507230009024819338	备注	九江市长海润滑油销售中心 91360402741971269X 发票专用章

收款人：孙兵　　复核：吴小凯　　开票人：罗娟　　销售方：（章）

第二联：抵扣联　购买方扣税凭证

19-2

3600133140 **江西增值税专用发票** № 02203335

发票联

开票日期：2019年12月18日

购买方	名　　称：九江市盟祥联轴器有限公司 纳税人识别号：9136041266475561 7X 地 址 、电 话：九江市柴桑区出口加工区三宝路2号　0792-8431689 开户行及账号：工行十里支行　1507230009024805948	密码区	>266<40>31604>7<30>-1 加密版本：01 8/+7>67+787*51*9>468*　3600131140 4508539-9423730/6/8*-　02203335 +8449772*6122>67/>>-6

货物或应税劳务、服务名称	规格型号	单位	数量	单价	金额	税率	税额
昆仑抗磨液压油	170kg	桶	1	1 829.0598291	1 829.06	13%	237.78
线切割乳化液	15kg	千克	10	188.03418803	1 880.34	13%	244.44
合　计					¥3 709.40		¥482.22
价税合计（大写）	⊗肆仟壹佰玖拾壹元陆角贰分				（小写）¥4 191.62		

销售方	名　　称：九江市长海润滑油销售中心 纳税人识别号：91360402741971269X 地 址 、电 话：九江市十里大道858号　0792-8265027 开户行及账号：工行十里支行　1507230009024819338	备注	九江市长海润滑油销售中心 91360402741971269X 发票专用章

收款人：孙兵　　复核：吴小凯　　开票人：罗娟　　销售方：（章）

第三联：发票联　购买方记账凭证

19-3

中国工商银行
转账支票存根（赣）
000942304

附加信息：______________

____

____

出票日期：　　年　月　日

收款人：	
金　额：	
用　途：	

单位主管　　　　会计

19-4

收　料　单

年　月　日　　　　编号：0004

材料编号	材料名称	规格	材质	单位	数量		实际单价	材料金额	运杂费	合计（材料实际成本）
					发货票	实收				
供货单位					结算方式		合同号		计划单价	材料/计划成本
备注										

第二联　记账（红色）

主管：　　　质量检验员：　　　仓库验收：　　　经办人：

20

财产清查报告单

2019年12月19日　　　　№1100

产品名称	单位	单价	账面数量	实物数量	盘盈		盘亏		盘亏原因
					数量	金额	数量	金额	
包装箱	个	200.00	7	5			2	400.00	待查
合 计								400.00	

21-1

工资结算汇总表

2019年12月　　单位：元

车间或部门		基本工资	岗位工资	绩效工资	加班费	津贴、补贴		应扣工资		应付工资	代扣款项					实发工资
						夜班补贴	物价补贴	病假	事假		医疗保险（2%）	养老保险（8%）	失业保险（0.5%）	住房公积金（8%）	个人所得税	
基本生产车间	生产工人	118 950	10 800	31 875	3 000	3 750	12 000			180 375	2 379	9 516	594.75	9 516	5 478.27	152 890.98
	管理人员	6 000	1 440	4 250			1 600			13 290	120	480	30	480	65.40	12 114.60
	小计	124 950	12 240	36 125	3 000	3 750	13 600			193 665	2 499	9 996	624.75	9 996	5 543.67	165 005.58
行政部门	厂长办公室	6 500	1 800	4 400			1 600			14 300	130	520	32.50	520	92.93	13 004.57
	财务科	8 000	2 400	6 375			2 400			19 175	160	640	40	640	80.86	17 614.14
	小计	14 500	4 200	10 775			4 000			33 475	290	1 160	72.50	1 160	173.79	30 618.71
销售部门	销售科	6 000	1 440	4 250			1 600			13 290	120	480	30	480	65.40	12 114.60
	门市部	3 000	720	2 125			800			6 645	60	240	15	240	32.70	6 057.30
	小计	9 000	2 160	6 375			2 400			19 935	180	720	45	720	98.10	18 171.90
供应科		5 500	1 440	4 250			1 600			12 790	110	440	27.50	440	53.18	11 719.32
仓库		2 500	720	2 125			800			6 145	50	200	12.50	200	20.48	5 662.02
合计		156 450	20 760	59 650	3 000	3 750	22 400			266 010	3 129	12 516	782.25	12 516	5 889.22	231 177.53

21-2

中国工商银行

转账支票存根（赣）

000942305

附加信息：________________

____

____

出票日期：　　年　月　日

收款人：
金　额：
用　途：

单位主管　　　会计

22-1

3600131302　　**江西增值税专用发票**　　№ 02430189

发票联

开票日期：2019年12月20日

购买方	名　　称：九江市盟祥联轴器有限公司 纳税人识别号：91360412664755617X 地 址 、电 话：九江市柴桑区出口加工区三宝路2号　0792-8431689 开户行及账号：工行十里支行　1507230009024805948			密码区	略		
货物或应税劳务、服务名称	规格型号	单位	数量	单价	金额	税率	税额
车辆交强险					10 000.00	6%	600.00
合　计					￥10 000.00		￥600.00
价税合计（大写）	⊗壹万零陆佰元整				（小写）￥10 600.00		
销售方	名　　称：中国太平洋保险股份有限公司 纳税人识别号：91360412664865147X 地 址 、电 话：江西省九江市长虹大道51号　0792-8284455 开户行及账号：工行十里支行　1507230009024806752			备注	中国太平洋保险股份有限公司 91360412664865147X 发票专用章		

收款人：孙怡　　复核：钱源　　开票人：齐星星　　销售方：（章）

第三联：发票联　购买方记账凭证

22-2

中国工商银行

转账支票存根（赣）

000942306

附加信息：

出票日期：　　年　月　日

收款人：	
金　额：	
用　途：	

单位主管　　会计

23-1

罚款单

九江市盟祥联轴器有限公司：

由于你公司排放废旧物资没有达到环保要求，特处罚金3 000.00元，并责令限期改正。

九江环保监管所

2019年12月20日

（印章：九江环保监管所 财务专用章）

23-2

中国工商银行
转账支票存根（赣）
000942307

附加信息：________________

____

____

出票日期：　　　　年　月　日

收款人：	
金　额：	
用　途：	

单位主管　　　　会计

24-1

九江市住房公积金缴款书

2019年12月22日　　　　附变更清册　　　张

缴款单位	九江市盟祥联轴器有限公司		住房公积金账号 1507230009024805948									备注	项目		比例	金额
缴款项目	年度	月份	金额										个人		8%	12 600
			百	十	万	千	百	十	元	角	分		单位		8%	12 600
住房公积金	2019	11		¥	2	5	2	0	0	0	0					
大写	贰万伍仟贰佰元整															

项目	上月已缴		本月增加		本月减少		本月汇缴	
	人数	金额	人数	金额	人数	金额	人数	金额
住房公积金								

收款单位（盖章）九江住房公积金管理中心 收款财务专章　　收款单位经办人（章）高玉　　缴款单位经办人（章）韩虹

24-2

国家税务总局 税收票证监制章

中华人民共和国 税收完税证明

填发日期：2019年12月22日　　　　税务机关：九江市税务局

纳税人识别号	91360412664755617X	纳税人名称		九江市盟祥联轴器有限公司	
原凭证号	税种	品目名称	税款所属时间	入（退）库日期	实缴（退）金额
	医疗保险 养老保险 失业保险		2019年11月1日至 2019年11月30日		18 900.00 44 100.00 3 150.00
金额合计	（大写）人民币：陆万陆仟壹佰伍拾元整				¥66 150.00
九江市税务局 税务机关（盖章） 008号 征税专用章	九江市盟祥联轴器有限公司 填票人： 龙太敏 财务专用章		备注 应税凭证序号： 22567829322394932 陈蓝蓝 050988781		

第一联（收据）交纳税人作完税证明

系统税票号码：227965481890187615　　　　妥善保管　　手写无效

25-1

领　料　单

领料部门：车间　　　　开票日期：2019年12月23日　　　　字第0023号

材料名称	规格	单位	请领数量	实发数量	价格	
					单价	金额
电机甲		台	180	180		

用途		领料部门		发料部门	
电联轴器甲		负责人	领料人	核准人	发料人
			熊洁		筱年

第二联 记账（红色）

25-2

领 料 单

领料部门：车间　　　　开票日期：2019年12月23日　　　　字第0024号

材料名称	规格	单位	请领数量	实发数量	价格	
					单价	金额
电机乙		台	200	200		
用途	电联轴器乙		领料部门		发料部门	
			负责人	领料人	核准人	发料人
				熊浩		筱年

第二联 记账（红色）

25-3

领 料 单

领料部门：车间　　　　开票日期：2019年12月23日　　　　字第0025号

材料名称	规格	单位	请领数量	实发数量	价格	
					单价	金额
电机丙		台	120	120		
用途	电联轴器丙		领料部门		发料部门	
			负责人	领料人	核准人	发料人
				熊浩		筱年

第二联 记账（红色）

25-4

领 料 单

领料部门：车间　　　　开票日期：2019年12月23日　　　　字第0026号

材料名称	规格	单位	请领数量	实发数量	价格	
					单价	金额
铸件		吨	105	105		
用途	生产三种产品		领料部门		发料部门	
			负责人	领料人	核准人	发料人
				熊浩		筱年

第二联 记账（红色）

26-1

3600131790　　**江西增值税普通发票**　　№ 02430325

全国统一发票监制章　国家税务总局监制

发票联

开票日期：2019年12月24日

购买方	名　　称：九江市盟祥联轴器有限公司 纳税人识别号：91360412664755617X 地 址 、电 话：九江市柴桑区出口加工区三宝路2号　0792-8431689 开户行及账号：工行十里支行　1507230009024805948			密码区	略		
货物或应税劳务、服务名称	规格型号	单位	数量	单价	金额	税率	税额
广告费					7 281.55	3%	218.45
合　计					￥7 281.55		￥218.45
价税合计（大写）	⊗柒仟伍佰元整				（小写）￥7 500.00		
销售方	名　　称：九江市升浩广告公司 纳税人识别号：91360412664825894X 地 址 、电 话：江西省九江市长虹大道287号　0792-8254768 开户行及账号：工行十里支行　1507230009024815896			备注	九江市升浩广告公司 91360412664825894X 发票专用章		

收款人：秦思明　　复核：张哲　　开票人：李飞强　　销售方：（章）

第二联：发票联　购买方记账凭证

26-2

中国工商银行

转账支票存根（赣）

000942308

附加信息：

出票日期：　　年　月　日

收款人：	
金　额：	
用　途：	

单位主管　　会计

27

中国工商银行九江市支行

邮、电、手续费收费凭证（付出传票）

2019年12月24日　　　　第01846617号

缴款单位名称：九江市盟祥联轴器有限公司	账号：15072300090248O5948	信汇笔数	电汇笔数	
		异地托收信用证	笔数	（邮）
				（电）

邮费金额					电费金额					手续费金额					合计金额					
百	十	元	角	分	百	十	元	角	分	百	十	元	角	分	千	百	十	元	角	分
										1	0	0	0	0	¥	1	0	0	0	0

合计金额	人民币（大写）：壹佰元整	收款银行盖章　年　月　日

中国工商银行
九江市十里支行
2019.12.24
转讫

28

中国工商银行**托收凭证**（收账通知）　　**4**

委托日期：2019年12月20日　　　　第00793563号

业务类型	委托收款（☐邮划、☐电划）　托收承付（☐邮划、☑电划）				
付款人	全称	青岛鹏程工贸有限公司	收款人	全称	九江市盟祥联轴器有限公司
	账号或地址	240003610061320O637		账号或地址	15072300090248O5948
	开户银行	建行青岛市四方区支行		开户银行	工行十里支行

金额	千	百	十	万	千	百	十	元	角	分
人民币（大写）叁佰壹拾肆万零肆佰元整	¥	3	1	4	0	4	0	0	0	0

款项内容	货款	附寄单证张数	
商品发运情况		合同名称号码	
备注： 复核　记账	上列款项已划回收入你方账户内。 收款人开户银行签章　年　月　日		

中国工商银行
九江市十里支行
2019.12.24
转讫

此联收款人开户银行作收账通知

29

3600131733　**江西增值税专用发票**　№ 02430910

全国统一发票监制章　国家税务总局监制

发票联

开票日期：2019 年 12 月 25 日

购买方	名　　　称：九江市盟祥联轴器有限公司 纳税人识别号：913604126647556l7X 地 址 、电 话：九江市柴桑区出口加工区三宝路2号　0792-8431689 开户行及账号：工行十里支行　1507230009024805948					密码区	略		
货物或应税劳务、服务名称		规格型号	单位	数量	单价	金额	税率	税额	
电话费						1 200.00	9%	108.00	
合　　计						¥1 200.00		¥108.00	
价税合计（大写）		⊗壹仟叁佰零捌元整					（小写）¥1 308.00		
销售方	名　　　称：九江市邮电局 纳税人识别号：91360412664896534X 地 址 、电 话：江西省九江市长虹大道305号　0792-8256852 开户行及账号：工行十里支行　1507230009024816685					备注	九江市邮电局　91360412664896534X　发票专用章		

现金付讫

收款人：冯哲　　　复核：蒋全　　　开票人：陈婷　　　销售方：（章）

第三联：发票联　购买方记账凭证

30

012001800158　**江西增值税普通发票**　№ 51606889

全国统一发票监制章　国家税务总局监制

发票联

开票日期：2019 年 12 月 27 日

购买方	名　　　称：九江市盟祥联轴器有限公司 纳税人识别号：91360412664755617X 地 址 、电 话：九江市柴桑区出口加工区三宝路2号　0792-8431689 开户行及账号：工行十里支行　1507230009024805948					密码区	略		
货物或应税劳务、服务名称		规格型号	单位	数量	单价	金额	税率	税额	
报刊费						271.70	6%	16.30	
合　　计						¥271.70		¥16.30	
价税合计（大写）		⊗贰佰捌拾捌元整					（小写）¥288.00		
销售方	名　　　称：九江市邮政集团 纳税人识别号：91360412664757530X 地 址 、电 话：九江市滨江路49号　0792-8229015 开户行及账号：工行滨江路支行　1507230009024809031					备注	九江市邮政集团　91360412664757530X　发票专用章		

现金付讫

收款人：朱涛　　　复核：何强　　　开票人：李娜　　　销售方：（章）

第三联：发票联　购买方记账凭证

31

财务科：

经查实确认盘亏包装箱属于保管不善丢失，现批转予以转账。

厂长办公室

2019年12月28日

32-1

生产车间：

将10吨钢材下角料作为废料入库，每吨价值1 500元，电联轴器甲、电联轴器乙和电联轴器丙的废料分别为3吨、4吨和3吨，同时将电联轴器甲出现的有裂纹钢材0.2吨作为废料入库，又领取钢材0.2吨作为修复使用。

厂长办公室

2019年12月30日

32-2

收 料 单

年 月 日　　　　编号：0005

材料编号	材料名称	规格	材质	单位	数量		实际单价	材料金额	运杂费	合计（材料实际成本）
					发货票	实收				
供货单位					结算方式		合同号		计划单价	材料/计划成本
备注										

第二联 记账（红色）

主管：　　质量检验员：　　仓库验收：　　经办人：

32-3

领　料　单

领料部门：车间　　　　开票日期：2019年12月30日　　　　字第0027号

<table>
<tr><td rowspan="2">材料名称</td><td rowspan="2" colspan="2">规 格</td><td rowspan="2">单 位</td><td rowspan="2">请领数量</td><td rowspan="2">实发数量</td><td colspan="2">价格</td></tr>
<tr><td>单价</td><td>金额</td></tr>
<tr><td>钢材</td><td colspan="2"></td><td>吨</td><td>0.2</td><td>0.2</td><td></td><td></td></tr>
<tr><td rowspan="3">用 途</td><td rowspan="3" colspan="3">修复电联轴器甲</td><td colspan="2">领料部门</td><td colspan="2">发料部门</td></tr>
<tr><td>负责人</td><td>领料人</td><td>核准人</td><td>发料人</td></tr>
<tr><td></td><td>熊浩</td><td></td><td>筱年</td></tr>
</table>

第二联　记账（红色）

33-1

周转材料耗用汇总表

年　月　日

<table>
<tr><td rowspan="2">领用部门（产品）</td><td colspan="2">昆仑抗磨液压油</td><td colspan="2">线切割乳化液</td><td colspan="2">工具</td><td colspan="2">工作服</td><td colspan="2">管理用具</td><td colspan="2">包装箱</td><td>合计（元）</td></tr>
<tr><td>数量（桶）</td><td>金额（元）</td><td>数量（千克）</td><td>金额（元）</td><td>数量（件）</td><td>金额（元）</td><td>数量（套）</td><td>金额（元）</td><td>数量（件）</td><td>金额（元）</td><td>数量（个）</td><td>金额（元）</td><td></td></tr>
<tr><td>基本车间</td><td></td><td></td><td></td><td></td><td></td><td></td><td></td><td></td><td></td><td></td><td></td><td></td><td></td></tr>
<tr><td>行政部门</td><td></td><td></td><td></td><td></td><td></td><td></td><td></td><td></td><td></td><td></td><td></td><td></td><td></td></tr>
<tr><td>销售部门</td><td></td><td></td><td></td><td></td><td></td><td></td><td></td><td></td><td></td><td></td><td></td><td></td><td></td></tr>
<tr><td>合 计</td><td></td><td></td><td></td><td></td><td></td><td></td><td></td><td></td><td></td><td></td><td></td><td></td><td></td></tr>
</table>

注：由于液压油和乳化液金额较小，直接计入制造费用。

33-2

原材料耗用汇总表

年　月　日　　　　金额单位：元

领料部门及用途 / 材料名称		基本生产车间			合 计
		电联轴器甲	电联轴器乙	电联轴器丙	
钢材	数 量				
	单位成本				
	金 额				
铁板	数 量				
	单位成本				
	金 额				
电机甲	数 量				
	单位成本				
	金 额				
电机乙	数 量				
	单位成本				
	金 额				
电机丙	数 量				
	单位成本				
	金 额				
铸件	定额耗用量				
	分配率				
	实际耗用量				
	单位成本				
	金 额				
合 计					

注：铸件“实际耗用量”保留4位小数。

34-1

3600131140 **江西增值税专用发票** № 02430565

此联不作报销、扣税凭证使用 开票日期：2019年12月30日

购买方	名　　称：九江市桑晟废品公司 纳税人识别号：91360412725536849X 地 址、电 话：九江市三马路256号 0792-8563327 开户行及账号：建行九江市浔阳区支行 2400015698543265246	密码区	36/*6*>*5/<8*/8->85 加密版本：01 88-*632.6024//<5601 3600131140 83*75379<**8>6539<6 02430565 18+81+Q987*6>-185>>23

货物或应税劳务、服务名称	规格型号	单位	数量	单价	金额	税率	税额
废钢		吨	10	1 600.00	16 000.00	13%	2 080.00
合　计					¥16 000.00		¥2 080.00
价税合计（大写）	⊗壹万捌仟零捌拾元整				（小写）¥18 080.00		

销售方	名　　称：九江市盟祥联轴器有限公司 纳税人识别号：91360412664755617X 地 址、电 话：九江市柴桑区出口加工区三宝路2号 0792-8431689 开户行及账号：工行十里支行 1507230009024805948	备注	现金收讫 （印章：九江市盟祥联轴器有限公司 91360412664755617X 发票专用章）

收款人：丁宁　　复核：徐娜　　开票人：史慧　　销售方：（章）

第一联：记账联 销售方记账凭证

34-2

领　料　单

领料部门：　　　　开票日期：　　年　月　日　　　　字第0028号

材料编号	材料名称	规格	单位	请领数量	实发数量	计划价格	
						单价	金额
用途				领料部门		发料部门	
				负责人	领料人	核准人	发料人

第二联 记账（红色）

34-3

九江市统一收款收据

（实习专用）

收款日期：　年　月　日　　№0000（　）

交款单位							
交款事项				交款方式			
金额（大写）	（¥　　）						
单位盖章		财务主管		记账		出纳	

第三联　代收款凭单（黄色）

34-4

ICBC 中国工商银行　现金存款凭条

日期：2019年12月30日　　0027483

存款人	全　称	九江市盟祥联轴器有限公司		
	账　号	1507230009024805948	款项来源	废刚收入
	开户行	工行十里支行	交款人	丁宁

金额（大写）壹万捌仟零捌拾元整	金额（小写）	亿	千	百	十	万	千	百	十	元	角	分
					¥	1	8	0	8	0	0	0

票面	张数	十	万	千	百	十	元	票面	张数	千	百	十	元	角	分	备注
壹佰元	18		1	8	0	0	0	伍　角								
伍拾元	1					5	0	贰　角								
贰拾元	1					2	0	壹　角								
拾　元	1					1	0	伍　分								
伍　元								贰　分								
贰　元								壹　分								
壹　元								其　他								

第二联　客户核对联

35-1

职工薪酬分配表

年 月 日 金额单位：元

<table>
<tr><th colspan="3" rowspan="2">车间、部门</th><th rowspan="2">定额工时</th><th colspan="2">直接人工费用</th></tr>
<tr><th>分配率</th><th>分配额</th></tr>
<tr><td rowspan="6">基本生产车间</td><td rowspan="4">生产工人</td><td>电联轴器甲</td><td></td><td></td><td></td></tr>
<tr><td>电联轴器乙</td><td></td><td></td><td></td></tr>
<tr><td>电联轴器丙</td><td></td><td></td><td></td></tr>
<tr><td>小计</td><td></td><td></td><td></td></tr>
<tr><td colspan="2">车间管理人员</td><td colspan="2"></td><td></td></tr>
<tr><td colspan="2">小计</td><td colspan="2"></td><td></td></tr>
<tr><td colspan="3">行政部门</td><td colspan="2"></td><td></td></tr>
<tr><td colspan="3">销售部门</td><td colspan="2"></td><td></td></tr>
<tr><td colspan="3">供应科</td><td colspan="2"></td><td></td></tr>
<tr><td colspan="3">仓库</td><td colspan="2"></td><td></td></tr>
<tr><td colspan="3">合计</td><td colspan="2"></td><td></td></tr>
</table>

35-2

社会保险费、住房公积金计提表

年 月 日 金额单位：元

<table>
<tr><th colspan="3" rowspan="2">车间、部门</th><th colspan="2">计提基数</th><th rowspan="2">医疗保险（10%）</th><th rowspan="2">养老保险（20%）</th><th rowspan="2">失业保险（1.5%）</th><th rowspan="2">住房公积金（8%）</th><th rowspan="2">合计</th></tr>
<tr><th>工时</th><th>基数</th></tr>
<tr><td rowspan="6">基本生产车间</td><td rowspan="4">生产工人</td><td>电联轴器甲</td><td></td><td></td><td></td><td></td><td></td><td></td><td></td></tr>
<tr><td>电联轴器乙</td><td></td><td></td><td></td><td></td><td></td><td></td><td></td></tr>
<tr><td>电联轴器丙</td><td></td><td></td><td></td><td></td><td></td><td></td><td></td></tr>
<tr><td>小计</td><td></td><td></td><td></td><td></td><td></td><td></td><td></td></tr>
<tr><td colspan="2">车间管理人员</td><td colspan="2"></td><td></td><td></td><td></td><td></td><td></td></tr>
<tr><td colspan="2">小计</td><td colspan="2"></td><td></td><td></td><td></td><td></td><td></td></tr>
<tr><td colspan="3">行政部门</td><td colspan="2"></td><td></td><td></td><td></td><td></td><td></td></tr>
<tr><td colspan="3">销售部门</td><td colspan="2"></td><td></td><td></td><td></td><td></td><td></td></tr>
<tr><td colspan="3">供应科</td><td colspan="2"></td><td></td><td></td><td></td><td></td><td></td></tr>
<tr><td colspan="3">仓库</td><td colspan="2"></td><td></td><td></td><td></td><td></td><td></td></tr>
<tr><td colspan="3">合计</td><td colspan="2"></td><td></td><td></td><td></td><td></td><td></td></tr>
</table>

36

固定资产折旧计算表

年 月 日　　　　金额单位：元

车间、部门	类 别	原 值	月折旧率	月折旧额
基本生产车间	房屋建筑物			
	机器设备			
	小 计			
行 政 部 门	房屋建筑物			
	运输工具			
	电子设备			
	小 计			
销 售 部 门	运输工具			
	电子设备			
	小 计			
供应科仓库				
合 计				

37

无形资产摊销计算表

年 月 日　　　　金额单位：元

名 称	原值	使用年限	年摊销额	月摊销额
非专利技术				
专有技术				
合 计				

38-1

中国工商银行**托收凭证**（付款通知）　　**5**

委托日期：2019年12月30日　　第00793572号

业务类型	委托收款（☑邮划、☐电划）　托收承付（☐邮划、☐电划）			
付款人 全称	九江市盟祥联轴器有限公司	收款人 全称	国网江西九江县供电有限责任公司	
付款人 账号或地址	1507230009024805948	收款人 账号或地址	01689908091001	
付款人 开户银行	工行十里支行	收款人 开户银行	九江县中行	
金额	人民币（大写）伍万壹仟玖佰柒拾陆元贰角柒分	千百十万千百十元角分	¥ 5 1 9 7 6 2 7	
款项内容	12月电费	附寄单证张数	1张	
商品发运情况		合同名称号码		
备注： 付款人开户银行收到日期 年　月　日 复核　　记账	中国工商银行九江市十里支行 到期 2019.12.30 日期 收到 2019.12.30 日期 委托收款专用章（11）	付款人注意： 1.根据支付结算办法，上列委托收款（托收承付）款项在付款期限内未提出拒付，即视为同意付款，以此代付款通知。 2.如需提出全部或部分拒付，应在规定期限内，将拒付理由书并附债务证明退交开户银行。		

此联付款人开户银行给付款人按期付款通知

38-2

3600133140　**江西增值税专用发票**　№ 02247350

（全国统一发票监制章 国家税务总局监制）

抵扣联

开票日期：2019年12月28日

购买方	名称：九江市盟祥联轴器有限公司 纳税人识别号：91360412664755617X 地址、电话：九江市柴桑区出口加工区三宝路2号　0792-8431689 开户行及账号：工行十里支行　1507230009024805948	密码区	>+>42<*-7873<80/29647　加密版本：01 6611042-*9>*-3966<42*　3600133140 /1<447>1122+-8<-7-9*5　02247350 644185/+<6-99*987>>45

货物或应税劳务、服务名称	规格型号	单位	数量	单价	金额	税率	税额
电费		度			45 996.70	13%	5 979.57
合计					¥45 996.70		¥5 979.57
价税合计（大写）	⊗伍万壹仟玖佰柒拾陆元贰角柒分				（小写）¥51 976.27		

销售方	名称：国网江西九江县供电有限责任公司 纳税人识别号：91360421859470048X 地址、电话：庐山南路358号　0792-6814168 开户行及账号：九江县中行　01689908091001	备注	国网江西九江县供电有限责任公司 91360421859470048X 发票专用章

收款人：许晓琴　　复核：施思思　　开票人：陈志凤　　销售方：（章）

第二联：抵扣联　购买方扣税凭证

38-3

3600133140　　**江西增值税专用发票**　　№ 02247350

（国统一发票监制章：国家税务总局监制）　发票联

开票日期：2019年12月28日

购买方	名　　称：九江市盟祥联轴器有限公司 纳税人识别号：91360412664755617X 地 址 、电 话：九江市柴桑区出口加工区三宝路2号　0792-8431689 开户行及账号：工行十里支行　1507230009024805948	密码区	>+>42<*-7873<80/29647 加密版本：01 6611042-*9>*-3966<42* 3600133140 /1<447>1122+-8<-7-9*5 02247350 644185/+<6-99*987>>45

货物或应税劳务、服务名称	规格型号	单位	数量	单价	金额	税率	税额
电费		度			45 996.70	13%	5 979.57
合　计					￥45 996.70		￥5 979.57
价税合计（大写）	⊗伍万壹仟玖佰柒拾陆元贰角柒分				（小写）￥51 976.27		

销售方	名　　称：国网江西九江县供电有限责任公司 纳税人识别号：91360421859470048X 地 址 、电 话：庐山南路358号　0792-6814168 开户行及账号：九江县中行　01689908091001	备注	（印章：国网江西九江县供电有限责任公司 91360421859470048X 发票专用章）

收款人：许晓琴　　复核：施思思　　开票人：陈志凤　　销售方：（章）

第三联：发票联　购买方记账凭证

38-4

动力费用分配表

年　月　日

部　门			度 数	工 时	单价/分配率	金额（元）
生产车间	生产用电	电联轴器甲				
		电联轴器乙				
		电联轴器丙				
		合计	81 000			
	照明用电		1 000			
行 政 部 门			300			
销 售 部 门			300			
供 应 科			100			
仓 库			100			
合　计			82 800			

注：分配率保留4位小数。

39-1

3600131238 **江西增值税专用发票** № 02430751

发票联

开票日期：2019年12月30日

购买方	名 称：九江市盟祥联轴器有限公司 纳税人识别号：91360412664755617X 地 址 、电 话：九江市柴桑区出口加工区三宝路2号 0792-8431689 开户行及账号：工行十里支行 1507230009024805948	密码区	略

货物或应税劳务、服务名称	规格型号	单位	数量	单价	金额	税率	税额
水费		m^3	2 000	0.70	1 400.00	9%	126.00
合 计					￥1 400.00		￥126.00
价税合计（大写）	⊗壹仟伍佰贰拾陆元整				（小写）￥1 526.00		

销售方	名 称：九江市自来水厂 纳税人识别号：91360412664877536X 地 址 、电 话：江西省九江市滨江路21号 0792-8229823 开户行及账号：工行滨江中行 1507230009027689045	备注	九江市自来水厂 91360412664877536X 发票专用章

收款人： 复核： 开票人：汪湾 销售方：（章）

第三联：发票联 购买方记账凭证

39-2

用水量记录

2019年12月

使用部门	单位(元/立方米)	用水量(立方米)
基本生产车间	0.70	800
行政部门	0.70	1 200
合 计		2 000

39-3

中国工商银行

转账支票存根（赣）

000942308

附加信息：________________

出票日期： 年 月 日

收款人：
金 额：
用 途：

单位主管 会计

40-1

财务科：

公司为改善员工用餐条件，提高员工福利，本月开始将职工用餐外包给九江长海饭店，每月餐费补助下月15日结算。

厂长办公室

2019年12月31日

40-2

职工餐费补助计算表

年　月　日

车间部门		职工人数	补贴标准（元/人/月）	金额（元）
基本生产车间	生产工人	15	1 458	
	管理人员	2	810	
行政部门		5	810	
销售部门		3	810	
供应科		2	810	
仓库		1	810	
合计		28	—	

注：三种产品需要工人各5名。

41

制造费用分配表

年　月　日

产品名称	生产工时	分配率	金额（元）
电联轴器甲			
电联轴器乙			
电联轴器丙			
合计			

42-1

产品成本计算单

车间：　　　　　　　　　　　　　　　　　　　　　　　　　产量：

产品名称：　　　　　　　　年　月　日　　　　　　　　　　单位：元

成本项目	期初在产品成本	本月生产费用	生产费用合计	单位成本	完工产品成本	在产品成本
直接材料						
直接人工						
制造费用						
废品损失						
合　计						

42-2

产品成本计算单

车间：　　　　　　　　　　　　　　　　　　　　　　　　　产量：

产品名称：　　　　　　　　年　月　日　　　　　　　　　　单位：元

成本项目	期初在产品成本	本月生产费用	生产费用合计	单位成本	完工产品成本	在产品成本
直接材料						
直接人工						
制造费用						
废品损失						
合　计						

42-3

产品成本计算单

车间：　　　　　　　　　　　　　　　　　　　　　　　　　　产量：

产品名称：　　　　　　　　年　月　日　　　　　　　　　　单位：元

成本项目	期初在产品成本	本月生产费用	生产费用合计	单位成本	完工产品成本	在产品成本
直接材料						
直接人工						
制造费用						
废品损失						
合　计						

43

产品销售成本计算表

年　月　日　　　　　　　　　　金额单位：元

产品名称	期初结存			本期完工			本月销售		
	数量	单位成本	总成本	数量	单位成本	总成本	数量	单位成本	总成本
电联轴器甲									
电联轴器乙									
电联轴器丙									
合 计									

注：销售单位成本保留2位小数。

44

附加税计算表

年　月　日　　　　金额单位：元

税　目	计税基础	税　率	金　额	记入科目
城市维护建设税				
教育费附加				
合　计				

45

中国工商银行计付存款利息清单（收款通知）

账号　　　　2019年12月31日

单位名称	九江市盟祥联轴器有限公司	结算户账号	1507230009024805948
计息起讫日期	2019年10月1日至2019年12月31日		
计算户账号	计息总积数	利率(年)	利息金额
	6 693 750	1.2%	20 081.25
备注：你单位上述存款利息已收入你单位账户			

中国工商银行 九江市十里支行 2019.12.31 转讫

46

中国工商银行计收利息清单（付款通知）

2019年12月31日

单位名称	九江市盟祥联轴器有限公司	账号	1507230009024805948
贷款金额	9 000 000元	计息起讫日期	2019年10月1日至12月31日
利率(月)	7‰		
利息金额	人民币(大写)壹拾捌万玖仟元整		￥189 000.00
你单位上述应偿借款利息已从你单位账户划出。 此致 借款单位　　（银行盖章）		复核：	记账：

中国工商银行 九江市十里支行 2019.12.31 转讫

47

坏账准备计算表

年　月　日　　　　金额单位：元

账 户	期末余额	比 例	应提取数	坏账准备余额	实际提取数
合 计					

制表：史慧　　　　审核：徐娜

48

存货跌价准备计提表

年　月　日　　　　单位：元

会计科目	期末账面价值	可变现净值	存货跌价准备
原材料			
周转材料			
生产成本			
库存商品			
合 计		4 739 237.03	

制表：史慧　　　　审核：徐娜

49

固定资产减值准备计算表

年　月　日　　　　单位：元

固定资产账面价值	可收回金额	固定资产减值准备
	14 679 315.00	

制表：史慧　　　　审核：徐娜

50

无形资产减值准备计算表

年　月　日　　　　单位：元

无形资产账面价值	可收回金额	无形资产减值准备
	2 184 966.67	

制表：史慧　　　　审核：徐娜

51-1

公司对销售的电联轴器，承诺出售后一年内如有非意外事故造成的质量问题，公司免费负责保修。根据以往经验，销售的保修费一般为销售额的1.2%，因此，公司对销售的产品计提预计负债。

财务主管：徐娜

2019年12月31日

51-2

预计负债计提表

年　月　日　　　　金额单位：元

本月销售额	预计比例	计提预计负债

制表：史慧　　　　审核：徐娜

52

房产税、车船税、城镇土地使用税和印花税计算表

年　月　日　　　　金额单位：元

税　目	计税基础	税　率	税　额
房产税			
车船税			
城镇土地使用税			
印花税			
合计			

制表：史慧　　　　审核：徐娜

注：印花税直接以现金支付。

53

增值税纳税申报表

（一般纳税人适用）

根据国家税收法律法规及增值税相关规定制定本表。纳税人不论有无销售额，均应按税务机关核定的纳税期限填写本表，并向当地税务机关申报。

税款所属时间：自　　年　月　日至　　年　月　日　　填表日期：　　年　月　日　　　　金额单位：元至角分

纳税人识别号：□□□□□□□□□□□□□□□□□□　　　所属行业：

纳税人名称	（公章）	法定代表人姓名		注册地址		生产经营地址	
开户银行及账号			企业登记注册类型			电话号码	

项目		栏次	一般项目		即征即退项目	
			本月数	本年累计	本月数	本年累计
销售额	（一）按适用税率计税销售额	1				
	其中：应税货物销售额	2				
	应税劳务销售额	3				
	纳税检查调整的销售额	4				
	（二）按简易办法计税销售额	5				
	其中：纳税检查调整的销售额	6				
	（三）免、抵、退办法出口销售额	7			—	—
	（四）免税销售额	8			—	—
	其中：免税货物销售额	9			—	—
	免税劳务销售额	10			—	—
税款计算	销项税额	11				
	进项税额	12				
	上期留抵税额	13				—
	进项税额转出	14				
	免、抵、退应退税额	15			—	—
	按适用税率计算的纳税检查应补缴税额	16			—	—
	应抵扣税额合计	17=12+13−14−15+16		—		—
	实际抵扣税额	18（如17<11，则为17，否则为11）				
	应纳税额	19=11−18				

续表

<table>
<tr><th colspan="2" rowspan="2">项目</th><th rowspan="2">栏次</th><th colspan="2">一般项目</th><th colspan="2">即征即退项目</th></tr>
<tr><th>本月数</th><th>本年累计</th><th>本月数</th><th>本年累计</th></tr>
<tr><td rowspan="5">税款计算</td><td>期末留抵税额</td><td>20=17-18</td><td></td><td></td><td></td><td>—</td></tr>
<tr><td>简易办法计算的应纳税额</td><td>21</td><td></td><td></td><td></td><td></td></tr>
<tr><td>按简易办法计算的纳税检查应补缴税额</td><td>22</td><td></td><td></td><td>—</td><td>—</td></tr>
<tr><td>应纳税额减征额</td><td>23</td><td></td><td></td><td></td><td></td></tr>
<tr><td>应纳税额合计</td><td>24=19+21-23</td><td></td><td></td><td></td><td></td></tr>
<tr><td rowspan="14">税款缴纳</td><td>期初未缴税额（多缴为负数）</td><td>25</td><td></td><td></td><td></td><td></td></tr>
<tr><td>实收出口开具专用缴款书退税额</td><td>26</td><td></td><td></td><td>—</td><td>—</td></tr>
<tr><td>本期已缴税额</td><td>27=28+29+30+31</td><td></td><td></td><td></td><td></td></tr>
<tr><td>①分次预缴税额</td><td>28</td><td></td><td>—</td><td></td><td>—</td></tr>
<tr><td>②出口开具专用缴款书预缴税额</td><td>29</td><td></td><td>—</td><td>—</td><td>—</td></tr>
<tr><td>③本期缴纳上期应纳税额</td><td>30</td><td></td><td></td><td></td><td></td></tr>
<tr><td>④本期缴纳欠缴税额</td><td>31</td><td></td><td></td><td></td><td></td></tr>
<tr><td>期末未缴税额（多缴为负数）</td><td>32=24+25+26-27</td><td></td><td></td><td></td><td></td></tr>
<tr><td>其中：欠缴税额（≥0）</td><td>33=25+26-27</td><td></td><td>—</td><td></td><td>—</td></tr>
<tr><td>本期应补（退）税额</td><td>34=24-28-29</td><td></td><td>—</td><td></td><td>—</td></tr>
<tr><td>即征即退实际退税额</td><td>35</td><td>—</td><td>—</td><td></td><td></td></tr>
<tr><td>期初未缴查补税额</td><td>36</td><td></td><td></td><td>—</td><td>—</td></tr>
<tr><td>本期入库查补税额</td><td>37</td><td></td><td></td><td>—</td><td>—</td></tr>
<tr><td>期末未缴查补税额</td><td>38=16+22+36-37</td><td></td><td></td><td>—</td><td>—</td></tr>
<tr><td>授权声明</td><td colspan="2">如果你已委托代理人申报，请填写下列资料：
为代理一切税务事宜，现授权
（地址）　　　　为本纳税人的代理申报人，任何与本申报表有关的往来文件，都可寄予此人。
授权人签字：</td><td>申报人声明</td><td colspan="3">本纳税申报表是根据国家税收法律法规及相关规定填报的，我确定它是真实的、可靠的、完整的。
声明人签字：</td></tr>
</table>

主管税务机关：　　　　接收人：　　　　接收日期：

54-1

中华人民共和国企业所得税年度纳税申报表（A类）

行次	类别	项 目	金 额
1	利润总额计算	一、营业收入	
2		减：营业成本	
3		减：税金及附加	
4		减：销售费用	
5		减：管理费用	
6		减：财务费用	
7		减：资产减值损失	
8		减：信用减值损失	
9		加：公允价值变动收益	
10		加：投资收益	
11		二、营业利润(1-2-3-4-5-6-7+9+10)	
12		加：营业外收入	
13		减：营业外支出	
14		三、利润总额（11+12-13）	
15	应纳税所得额计算	减：境外所得	
16		加：纳税调整增加额	
17		减：纳税调整减少额	
18		减：免税、减计收入及加计扣除	
19		加：境外应税所得抵减境内亏损	
20		四、纳税调整后所得（14-15+16-17-18+19）	
21		减：所得减免	
22		减：弥补以前年度亏损	
23		减：抵扣应纳税所得额	
24		五、应纳税所得额（20-21-22-23）	
25	应纳税额计算	税率（25%）	
26		六、应纳所得税税额（24×25）	
27		减：减免所得税税额	
28		减：抵免所得税税额	
29		七、应纳税额（26-27-28）	
30		加：境外所得应纳所得税税额	
31		减：境外所得抵免所得税税额	
32		八、实际应纳所得税税额（29+30-31）	
33		减：本年累计实际已缴纳的所得税税额	
34		九、本年应补（退）所得税税额（32-33）	
35		其中：总机构分摊本年应补（退）所得税税额	
36		财政集中分配本年应补（退）所得税税额	
37		总机构主体生产经营部门分摊本年应补（退）所得税税额	

54-2

所得税计算表

年　月　日　　　　金额单位：元

会计利润	纳税调整	应纳税所得额	税率	应纳税额

制表：史慧　　　　审核：徐娜

55

利润分配表

年　月　日　　　　金额单位：元

利润分配项目	分配比例	分配额
提取法定盈余公积		
提取任意盈余公积		
向股东支付股利		

制表：史慧　　　　审核：徐娜

资产负债表（简）

会企01表

编制单位：　　　　　　　　　　年　月　日　　　　　　　　　　单位：元

资产	期末余额	年初余额	负债和所有者权益	期末余额	年初余额
流动资产：			流动负债：		
货币资金			短期借款		
交易性金融资产			交易性金融负债		
应收票据			应付票据		
应收账款			应付账款		
预付款项			预收款项		
其他应收款			应付职工薪酬		
存货			应交税费		
持有待售资产			其他应付款		
一年内到期的非流动资产			持有待售负债		
其他流动资产			一年内到期的非流动负债		
流动资产合计			其他流动负债		
非流动资产：			流动负债合计		
可供出售金融资产			非流动负债：		
持有至到期投资			长期借款		
长期应收款			应付债券		
长期股权投资			长期应付款		
投资性房地产			预计负债		
固定资产			递延所得税负债		
在建工程			其他非流动负债		
生产性生物资产			非流动负债合计		
油气资产			负债合计		
无形资产			所有者权益（或股东权益）：		
开发支出			实收资本（或股本）		
商誉			资本公积		
长期待摊费用			其他综合收益		
递延所得税资产			盈余公积		
其他非流动资产			未分配利润		
非流动资产合计			所有者权益（或股东权益）合计		
资产总计			负债和所有者权益（或股东权益）总计		

（月报） 利润表 会企02表

编制单位： 年 月 单位：元

项目	本月金额	本年累计数
一、营业收入		
减：营业成本		
税金及附加		
销售费用		
管理费用		
研发费用		
财务费用		
其中：利息费用		
利息收入		
加：其他收益		
投资收益（损失以“-”号填列）		
其中：对联营企业和合营企业的投资收益		
净敞口套期收益（损失以“-”号填列）		
公允价值变动收益（损失以“-”号填列）		
减：资产减值损失		
信用减值损失		
资产处置收益（损失以“-”号填列）		
二、营业利润（亏损以“-”号填列）		
加：营业外收入		
减：营业外支出		
三、利润总额（亏损总额以“-”号填列）		
减：所得税费用		
四、净利润（净亏损以“-”号填列）		
（一）持续经营净利润（净亏损以“-”号填列）		
（二）终止经营净利润（净亏损以“-”号填列）		

续表

项目	本月金额	本年累计数
五、其他综合收益的税后净额		
（一）不能重分类进损益的其他综合收益		
1.重新计量设定受益计划变动额		
2.权益法下不能转损益的其他综合收益		
3.其他权益工具投资公允价值变动		
4.企业自身信用风险公允价值变动		
⋮		
（二）将重分类进损益的其他综合收益		
1.权益法下可转损益的其他综合收益		
2.其他债权投资公允价值变动		
3.金融资产重分类计入其他综合收益的金额		
4.其他债权投资信用减值准备		
5.现金流量套期储备		
6.外币财务报表这算差额		
⋮		
六、综合收益总额		
七、每股收益：		
（一）基本每股收益		
（二）稀释每股收益		

单位负责人：　　　财务负责人：　　　复核：　　　制表：

（年报）　　　　　　　　　　　　　　**利润表**　　　　　　　　　　　　　　会企03表

编制单位：　　　　　　　　　　　　　　年　　　　　　　　　　　　　　单位：元

项目	本期金额	上期金额
一、营业收入		
减：营业成本		
税金及附加		
销售费用		
管理费用		
研发费用		
财务费用		
其中：利息费用		
利息收入		
加：其他收益		
投资收益（损失以“-”号填列）		
其中：对联营企业和合营企业的投资收益		
净敞口套期收益（损失以“-”号填列）		
公允价值变动收益（损失以“-”号填列）		
减：资产减值损失		
信用减值损失		
资产处置收益（损失以“-”号填列）		
二、营业利润		
加：营业外收入		
减：营业外支出		
三、利润总额（亏损总额以“-”号填列）		
减：所得税费用		
四、净利润（净亏损以“-”号填列）		
（一）持续经营净利润（净亏损以“-”号填列）		
（二）终止经营净利润（净亏损以“-”号填列）		
五、其他综合收益的税后净额		
（一）不能重分类进损益的其他综合收益		
1.重新计量设定受益计划变动额		
2.权益法下不能转损益的其他综合收益		

续表

项目	本期金额	上期金额
3.其他权益工具投资公允价值变动		
4.企业自身信用风险公允价值变动		
⋮		
（二）将重分类进损益的其他综合收益		
1.权益法下可转损益的其他综合收益		
2.其他债权投资公允价值变动		
3.金融资产重分类计入其他综合收益的金额		
4.其他债权投资信用减值准备		
5.现金流量套期储备		
6.外币财务报表这算差额		
⋮		
六、综合收益总额		
七、每股收益：		
（一）基本每股收益		
（二）稀释每股收益		

单位负责人： 财务负责人： 复核： 制表：

第三章 财务软件实训部分

一、模拟实训目的

本实训要求学生应用财务软件完成九江市盟祥联轴器有限公司2018年12月份发生的经济业务核算工作，具体包括建账、填制凭证、查询账簿、输出报表，涉及的系统主要有总账系统、报表系统、薪资系统等。通过该实训可以提高学生应用财务软件处理会计工作的综合能力。

二、模拟企业资料

（一）基础信息

1.账套信息

账套名称：九江市盟祥联轴器有限公司

备份路径：一般选默认

启用会计期：2019年12月

会计期间设置：1月1日至12月31日

2.单位信息

单位名称：九江市盟祥联轴器有限公司

单位简称：九江盟祥

单位地址：九江市柴桑区出口加工区三宝路2号

法人代表：陈政均

邮政编码：332100

联系电话：0792-8431689

传真：0792-8431689

电子邮件：ChenZhengJun@163.com

纳税人识别号：91360412664755617X

3.核算类型

该企业的记账本位币：人民币

企业类型：工业

行业性质：会计制度科目，按行业性质预置科目

账套主管：徐娜

4.基础信息

企业无外币核算，进行经济业务处理时需要对存货进行分类，对客户、供应商不进行分类。

5.分类编码方案

科目编码级次:42222；

部门编码级次:12；

存货分类编码级次:1222；

结算方式编码级次:12。

6.数据精度

该企业对存货数量、单价小数位定为2。

7.系统启用

启用总账系统、薪资系统、固定资产系统，启用日期为2019年12月1日。

8.操作员及权限（见表3-1）

表3-1 **操作员及权限**

用户编号	姓名	岗位
001	徐 娜	财务主管
002	史 慧	会 计（总账、固资、薪资）
003	丁 宁	出 纳

（二）基础档案

1. 部门档案（见表3-2）

表3-2 **部门档案**

部门编码	部门名称	部门属性
1	行政部门	管理部门
101	厂长办公室	综合管理
102	财务科	财务管理
2	生产车间	产品加工
3	销售部门	产品销售
301	销售科	销售管理
302	门市部	产品销售
4	供应科	采购供应
5	仓库	库房

2. 职员档案（见表3-3）

表3-3 在职正式人员档案

职员编号	人员姓名	所属部门	性别	人员属性	人员类别	工商银行代发账号
00001	陈政均	厂长办公室	男	厂长	管理人员	2501122801000093888
00002	司 敏	厂长办公室	男	办公室主任	管理人员	2501122801000093825
00003	徐娜	财务科	女	财务科科长	管理人员	2501122801000093826
00004	史慧	财务科	女	会计	管理人员	2501122801000093827
00005	丁宁	财务科	男	出纳	管理人员	2501122801000093828
00006	熊浩	生产车间	女	车间主任	管理人员	2501122801000093829
00007	王必伟	生产车间	男	车间副主任	管理人员	2501122801000093830
00008	周文华	生产车间	男	班组长	生产人员	2501122801000093831
00009	陈凯	生产车间	男	切割工	生产人员	2501122801000093832
00010	陈雪瑞	生产车间	女	电焊工	生产人员	2501122801000093833
00011	杨一帆	生产车间	男	铸造工	生产人员	2501122801000093834
00012	丁文建	生产车间	男	普工	生产人员	2501122801000093835
00013	赵慧	生产车间	女	班组长	生产人员	2501122801000093836
00014	包沁怡	生产车间	女	切割工	生产人员	2501122801000093837
00015	李彬彬	生产车间	男	电焊工	生产人员	2501122801000093838
00016	宁志敏	生产车间	男	铸造工	生产人员	2501122801000093839
00017	胡兰巧	生产车间	女	普工	生产人员	2501122801000093840
00018	周光荣	生产车间	男	班组长	生产人员	2501122801000093841
00019	高开	生产车间	男	切割工	生产人员	2501122801000093842
00020	汪春凌	生产车间	男	电焊工	生产人员	2501122801000093843
00021	李兰	生产车间	女	铸造工	生产人员	2501122801000093844
00022	万华	生产车间	男	普工	生产人员	2501122801000093845
00023	彭然	销售科	男	销售科科长	营销人员	2501122801000093846
00024	陶杰斌	销售科	男	推销员	营销人员	2501122801000093847
00025	刘冬冬	门市部	女	售货员	营销人员	2501122801000093848
00026	王欣	供应科	男	供应科科长	管理人员	2501122801000093849
00027	徐花花	供应科	女	采购员	管理人员	2501122801000093850
00028	筱年	成品库	男	保管员	管理人员	2501122801000093851

3. 客户档案（见表3-4）

表3-4 **客户档案**

客户编号	客户名称(与开户行名称)	客户简称	税号(账号)	电话
01	徐州东南钢铁设备厂(工商银行徐州支行)	东南钢铁	91320323289654222X(0015678021024819338)	0516-87057555
02	南昌长力钢铁股份有限公司(建设银行南昌支行)	长力钢铁	91360111725531111X(24000361006132566777)	0791-83962345
03	福建三宝特钢有限公司(交通银行福建支行)	三宝特钢	91510212265098676X(00456770245)	0596-52342569
04	九江恒生化纤有限公司(农业银行九江支行)	恒生化纤	91360412725536870X(82600088799)	0792-3556789
05	烟台鑫磊公司(建行烟台市开发区支行)	烟台鑫磊	91370602197725134X(24000371006132007729)	0535-3341999
06	青岛鹏程工贸有限公司(建行青岛市四方区支行)	青岛鹏程	91370607712345579X(24000361006132000637)	0532-85632325
07	九江市桑履废品公司(建行九江市浔阳支行)	桑履废品	91360412725536849X(24000156985432652246)	0792-8563327

4. 供应商档案（见表3-5）

表3-5 **供应商档案**

供应商编号	供应商名称（与开户行名称）	供应商简称	税号（账号）	电话
01	九江宝鑫物资有限公司(建设银行九江支行)	九江宝鑫	91360402741971269X（24000156985432657577）	0792-8347833
02	江西赣江长梅机电设备有限公司(建行南昌支行)	赣江长梅	91360102741972737X（24000156921677122222）	0791-56678967
03	九江鼎恒特种钢有限公司(工行九江支行)	九江鼎恒	91360402741972265X（15072300090248058558）	0792-5234256
04	杭州嘉通机械有限公司(建设银行杭州支行)	杭州嘉通	91330122248487096X（24000361006132000637）	0571-56789873
05	合肥龙宇铸造有限公司(工商银行合肥支行)	合肥龙宇	91340103256780808X（15072300090248187783）	0551-34556784
06	上海青山贸易有限公司(建行中山北路支行)	上海青山	91310114170623878X（11050003402）	021-65824672
07	烟台海盛贸易有限公司（农行延安路支行）	烟台海盛	91370602112234567X（82600087567）	0535-6058672
08	九江诚信修理厂（农行九江市庐山区支行）	诚信修理	91360412664745357X（82600088792）	0792-8564328
09	威海风祥贸易有限公司（农行解放路支行）	威海风祥	91371002780400001X（56012364011）	0631-5235503

续表

供应商编号	供应商名称（与开户行名称）	供应商简称	税号（账号）	电话
10	九江市长海润滑油销售中心（工行十里支行）	九江长海	91360402741971269X（1507230009024819338）	0792-8265027
11	国网江西九江县供电有限责任公司（中行九江县支行）	县供电局	91360421859470048X（01689908091001）	0792-6814168
12	九江市荣圣物资贸易有限公司（工行九江支行）	荣圣物资	91360402741972265X（1507230009024856555）	0792-8124111
13	九江长海饭店（工行十里支行）	长海饭店	91360412741972326X（1507230009024819333）	0792-8264168

5. 结算方式（见表3-6）

表3-6 **结算方式**

结算方式编码	结算方式名称	票据管理
1	现金结算	否
2	支票结算	否
201	现金支票	是
202	转账支票	是
3	商业汇票	否
301	商业承兑汇票	否
302	银行承兑汇票	否
4	电汇结算	否
401	委托收款	否
402	托收承付	否
5	其他	否

6. 存货计量单位（见表3-7）

表3-7 **存货计量单位**

项目	代码	名称
计量单位组	01	基本计量单位（无换算）
计量单位	011	台
	012	吨
	013	桶
	014	千克
	015	件
	016	套
	017	元
	018	个

7.存货分类（见表3-8）

表3-8 存货分类

类别	名称
1	原料及主要材料
2	周转材料
3	库存商品
4	其他

8.存货档案（见表3-9）

表3-9 存货档案

编码	名称	型号	计量单位组	所属类别	计量单位	税率	属性
101	钢材		01	1	吨	16%	外购、生产耗用、内销
102	铁板		01	1	吨	16%	外购、生产耗用、内销
103	电机		01	1	台		外购、生产耗用、内销
10301	电机	甲	01	1	台		外购、生产耗用、内销
10302	电机	乙	01	1	台		外购、生产耗用、内销
10303	电机	丙	01	1	台		外购、生产耗用、内销
104	铸件		01	1	吨		外购、生产耗用、内销
201	低值易耗品		01	2	台	16%	外购、生产耗用、内销
20101	昆仑抗磨液压油		01	2	桶	16%	外购、生产耗用、内销
20102	线切割乳化液		01	2	千克	16%	外购、生产耗用、内销
20103	工具		01	2	件	16%	外购、生产耗用、内销
20104	管理工具		01	2	件	16%	外购、生产耗用、内销
20105	工作服		01	2	套	16%	外购、生产耗用、内销
202	包装箱		01	2	个	16%	外购、生产耗用、内销
301	电联轴器		01	3	台	16%	自制、外销、内销
30101	电联轴器	甲	01	3	台	16%	自制、外销、内销
30102	电联轴器	乙	01	3	台	16%	自制、外销、内销
30103	电联轴器	丙	01	3	台	16%	自制、外销、内销
401	运输费		01	4	元	10%	外购、内销、应税劳务
402	修理费		01	4	元	16%	外购、内销、应税劳务
403	电费		01	4	元	16%	外购、内销、应税劳务

（三）总账系统初始设置资料

1. 会计科目设置（见表3-10）

表3-10　　会计科目表

科目名称	科目编码	辅助核算	币别计量	余额方向
库存现金	1001	日记账		借
银行存款	1002	日记、银行账		借
存放中央银行款项	1003			借
存放同业	1011			借
其他货币资金	1012			借
结算备付金	1021			借
存出保证金	1031			借
交易性金融资产	1101			借
买入返售金融资产	1111			借
应收票据	1121	客户往来		借
银行承兑汇票	112101	客户往来		借
应收账款	1122	客户往来		借
预付账款	1123			借
应收股利	1131			借
应收利息	1132			借
应收代位追偿款	1201			借
应收分保账款	1211			借
应收分保合同准备金	1212			借
其他应收款	1221			借
备用金	122101	部门核算		借
坏账准备	1231			贷
贴现资产	1301			借
拆出资金	1302			借
贷款	1303			借
贷款损失准备	1304			贷
代理兑付证券	1311			借
代理业务资产	1321			借
材料采购	1401			借
在途物资	1402			借
原材料	1403			借
钢材	140301		吨	借
铁板	140302		吨	借
电机	140303			借
甲	14030301		台	借
乙	14030302		台	借
丙	14030303		台	借
铸件	140304		吨	借

续表

科目名称	科目编码	辅助核算	币别计量	余额方向
材料成本差异	1404			借
库存商品	1405			借
电联轴器	140501			借
甲	14050101		台	借
乙	14050102		台	借
丙	14050103		台	借
发出商品	1406			借
商品进销差价	1407			贷
委托加工物资	1408			借
周转材料	1411			借
低值易耗品	141101			借
昆仑抗磨液压油	14110101		桶	借
线切割乳化液	14110102		千克	借
工具	14110103		件	借
管理工具	14110104		件	借
工作服	14110105		套	借
包装物	141102			借
包装箱	14110201		个	借
消耗性生物资产	1421			借
贵金属	1431			借
抵债资产	1441			借
损余物资	1451			借
融资租赁资产	1461			借
存货跌价准备	1471			贷
持有至到期投资	1501			借
持有至到期投资减值准备	1502			贷
可供出售金融资产	1503			借
长期股权投资	1511			借
万隆科贸公司	151101			借
成本	15110101			借
长期股权投资减值准备	1512			贷
投资性房地产	1521			借
长期应收款	1531			借
未实现融资收益	1532			贷
存出资本保证金	1541			借
固定资产	1601			借
累计折旧	1602			贷
固定资产减值准备	1603			贷
在建工程	1604			借

续表

科目名称	科目编码	辅助核算	币别计量	余额方向
工程物资	1605			借
固定资产清理	1606			借
未担保余值	1611			借
生产性生物资产	1621			借
生产性生物资产累计折旧	1622			贷
公益性生物资产	1623			借
油气资产	1631			借
累计折耗	1632			贷
无形资产	1701			借
非专利技术	170101			借
累计摊销	1702			贷
无形资产减值准备	1703			贷
商誉	1711			借
长期待摊费用	1801			借
递延所得税资产	1811			借
独立账户资产	1821			借
待处理财产损溢	1901			借
短期借款	2001			贷
存入保证金	2002			贷
拆入资金	2003			贷
向中央银行借款	2004			贷
吸收存款	2011			贷
同业存放	2012			贷
贴现负债	2021			贷
交易性金融负债	2101			贷
卖出回购金融资产款	2111			借
应付票据	2201	供应商往来		贷
银行承兑汇票	220101	供应商往来		贷
应付账款	2202	供应商往来		贷
预收账款	2203			贷
应付职工薪酬	2211			贷
职工福利费	221101			贷
职工保险	221102			贷
医疗保险	22110201			贷
养老保险	22110202			贷
失业保险	22110203			贷
住房公积金	221103			贷
工会经费	221104			贷
职工教育经费	221105			贷

续表

科目名称	科目编码	辅助核算	币别计量	余额方向
应交税费	2221			贷
应交增值税	222101			贷
进项税额	22210101			贷
已交税金	22210102			贷
转出未交增值税	22210103			贷
销项税额	22210105			贷
进项税额转出	22210107			贷
转出多交增值税	22210109			贷
未交增值税	222102			贷
应交城市维护建设税	222103			贷
应交教育费附加	222104			贷
应交所得税	222105			贷
应交个人所得税	222106			贷
应交房产税	222107			贷
应交车船税	222108			贷
应交城镇土地使用税	222109			贷
应付利息	2231			贷
应付股利	2232			贷
其他应付款	2241			贷
医疗保险费	224101			贷
养老保险费	224102			贷
失业保险费	224103			贷
住房公积金	224104			贷
应付保单红利	2251			贷
应付分保账款	2261			贷
代理买卖证券款	2311			贷
代理承销证券款	2312			贷
代理兑付证券款	2313			贷
代理业务负债	2314			贷
递延收益	2401			贷
长期借款	2501			贷
应付债券	2502			贷
未到期责任准备金	2601			贷
保险责任准备金	2602			贷
保户储金	2611			贷
独立账户负债	2621			借
长期应付款	2701			贷
未确认融资费用	2702			借
专项应付款	2711			贷

续表

科目名称	科目编码	辅助核算	币别计量	余额方向
预计负债	2801			贷
递延所得税负债	2901			贷
清算资金往来	3001			借
货币兑换	3002			借
衍生工具	3101			借
套期工具	3201			借
被套期项目	3202			借
实收资本	4001			贷
长江股份有限公司	400101			贷
黄河股份有限公司	400102			贷
资本公积	4002			贷
其他资本公积	400201			贷
盈余公积	4101			贷
法定盈余公积	410101			贷
任意盈余公积	410102			贷
一般风险准备	4102			贷
本年利润	4103			贷
利润分配	4104			贷
未分配利润	410406			贷
库存股	4201			借
生产成本	5001			借
直接材料	500101	项目核算		借
直接人工	500102	项目核算		借
制造费用	500103	项目核算		借
废品损失	500104	项目核算		借
制造费用	5101			借
职工薪酬及附加	510101			借
办公费	510102			借
材料费	510103			借
劳保用品	510104			借
折旧费	510105			借
社会保险及公积金	510106			借
其他	510107			借
制造费用转出	510109			借
劳务成本	5201			借
研发支出	5301			借
工程施工	5401			借
工程结算	5402			贷
机械作业	5403			借

续表

科目名称	科目编码	辅助核算	币别计量	余额方向
主营业务收入	6001			贷
电联轴器	600101			贷
甲	60010101		台	贷
乙	60010102		台	贷
丙	60010103		台	贷
利息收入	6011			贷
手续费及佣金收入	6021			贷
保费收入	6031			贷
租赁收入	6041			贷
其他业务收入	6051			贷
废钢	605101			贷
汇兑损益	6061			贷
公允价值变动损益	6101			贷
投资收益	6111			贷
摊回保险责任准备金	6201			贷
摊回赔付支出	6202			贷
摊回分保费用	6203			贷
营业外收入	6301			贷
罚没收入	630101			贷
非流动资产处置利得	630102			贷
其他营业外收入	630103			贷
主营业务成本	6401			借
电联轴器	640101			借
甲	64010101		台	借
乙	64010102		台	借
丙	64010103		台	借
其他业务成本	6402			借
废钢	640201			借
税金及附加	6403			借
利息支出	6411			借
手续费及佣金支出	6421			借
提取未到期责任准备金	6501			借
提取保险责任准备金	6502			借
赔付支出	6511			借
保单红利支出	6521			借
退保金	6531			借
分出保费	6541			借
分保费用	6542			借
销售费用	6601			借

续表

科目名称	科目编码	辅助核算	币别计量	余额方向
职工薪酬及附加	660101			借
办公费	660102			借
材料费	660103			借
折旧费	660104			借
社会保险及公积金	660105			借
广告费	660106			借
产品质量保证	660107			借
其他	660109			借
管理费用	6602			借
职工薪酬及附加	660201			借
办公费	660202			借
材料费	660203			借
折旧费	660204			借
社会保险及公积金	660205			借
无形资产摊销	660206			借
招待费	660207			借
税金	660208			借
报刊费	660209			借
其他	660210			借
财务费用	6603			借
利息费	660301			借
手续费	660302			借
其他	660309			借
勘探费用	6604			借
资产减值损失	6701			借
营业外支出	6711			借
罚没支出	671101			借
债务重组损失	671102			借
所得税费用	6801			借
以前年度损益调整	6901			借

2. 2019年12月份期初余额表（见表3-11）

表3-11　**2019年12月份期初余额表**　单位:元

科目名称	方向	币别计量	累计借方	累计贷方	期初余额
库存现金(1001)	借		0	0	3 000.00
银行存款(1002)	借		0	0	5 792 328.32
应收账款(1122)	借		0	0	167 240.00
其他应收款(1221)	借		0	0	3 000.00
备用金(122101)	借		0	0	3 000.00
坏账准备(1231)	贷		0	0	836.20

续表

科目名称	方向	币别/计量	累计借方	累计贷方	期初余额
原材料(1403)	借		0	0	1 619 133.57
原料及主要材料(140301)	借		0	0	1 619 133.57
钢材(14030101)	借		0	0	682 851.84
	借	吨	0	0	187.59
铁板(14030102)	借		0	0	495 328.41
	借	吨	0	0	130.00
电机(14030103)	借		0	0	246 480.00
甲(1403010301)	借		0	0	42 160.00
	借	台	0	0	248
乙(1403010302)	借		0	0	111 200.00
	借	台	0	0	200
丙(1403010303)	借		0	0	93 120.00
	借	台	0	0	120
铸件(14030104)	借		0	0	194 473.32
	借	吨	0	0	30
库存商品(1405)	借		0	0	4 794 400.00
电联轴器(140501)	借		0	0	4 794 400.00
甲(14050101)	借		0	0	1 333 000.00
	借	台	0	0	620
乙(14050102)	借		0	0	1 833 000.00
	借	台	0	0	650
丙(14050103)	借		0	0	1 628 400.00
	借	台	0	0	460
周转材料(1411)	借		0	0	46 960.00
低值易耗品(141101)	借		0	0	44 960.00
昆仑抗磨液压油(14110101)	借		0	0	1 829.06
	借	桶	0	0	1
线切割乳化液(14110102)	借		0	0	188.04
	借	千克	0	0	1
工具(14110103)	借		0	0	3 862.90
	借	件	0	0	20
管理工具(14110104)	借		0	0	2 760.00
	借	件	0	0	69
工作服(14110105)	借		0	0	36 320.00
	借	套	0	0	454
包装物(141102)	借		0	0	2 000.00
包装箱(14110201)	借		0	0	2 000.00
	借	个	0	0	10
存货跌价准备(1471)	贷		0	0	32 000.00

续表

科目名称	方向	币别计量	累计借方	累计贷方	期初余额
长期股权投资(1511)	借		0	0	13 000 000.00
万隆科贸公司(151101)	借		0	0	13 000 000.00
成本(15110101)	借		0	0	13 000 000.00
固定资产(1601)	借		0	0	27 060 000.00
累计折旧(1602)	贷		0	0	12 228 150.00
固定资产减值准备(1603)	贷		0	0	0
无形资产(1701)	借		0	0	3 000 000.00
非专利技术(170101)	借		0	0	3 000 000.00
累计摊销(1702)	贷		0	0	815 000.00
应付票据(2201)	贷		0	0	266 589.00
银行承兑汇票(220101)	贷		0	0	266 589.00
应付账款(2202)	贷		0	0	2 800 000.00
应付职工薪酬(2211)	贷		0	0	141 402.50
职工福利费(221101)	贷		0	0	38 600.00
职工保险(221102)	贷		0	0	49 612.50
医疗保险(22110201)	贷		0	0	15 750.00
养老保险(22110202)	贷		0	0	31 500.00
失业保险(22110203)	贷		0	0	2 362.50
住房公积金(221103)	贷		0	0	12 600.00
工会经费(221104)	贷		0	0	22 390.00
职工教育经费(221105)	贷		0	0	18 200.00
应交税费(2221)	贷		0	0	507 463.25
未交增值税(222102)	贷		0	0	187 306.16
应交城市维护建设税(222103)	贷		0	0	13 111.43
应交教育费附加(222104)	贷		0	0	5 619.18
应交所得税(222105)	贷		0	0	270 143.48
应交个人所得税(222106)	贷		0	0	813.00
应交房产税(222107)	贷		0	0	29 600.00
应交车船税(222108)	贷		0	0	370.00
应交城镇土地使用税(222109)	贷		0	0	500.00
应付利息(2231)	贷		0	0	126 000.00
其他应付款(2241)	贷		0	0	29 137.50
医疗保险费(224101)	贷		0	0	3 150.00
养老保险费(224102)	贷		0	0	12 600.00
失业保险费(224103)	贷		0	0	787.50
住房公积金(224104)	贷		0	0	12 600.00
长期借款(2501)	贷		0	0	9 000 000.00
实收资本(4001)	贷		0	0	21 000 000.00
长江股份有限公司(400101)	贷		0	0	14 000 000.00

续表

科目名称	方向	币别计量	累计借方	累计贷方	期初余额
黄河股份有限公司(400102)	贷		0	0	7 000 000.00
资本公积(4002)	贷		0	0	310 000.00
其他资本公积(400201)	贷		0	0	310 000.00
盈余公积(4101)	贷		0	0	510 000.00
法定盈余公积(410101)	贷		0	0	340 000.00
任意盈余公积(410102)	贷		0	0	170 000.00
本年利润(4103)	贷		0	0	3 395 737.46
利润分配(4104)	贷		0	0	4 369 372.75
未分配利润(410406)	贷		0	0	4 369 372.75
生产成本(5001)	借		0	0	45 626.77
直接材料(500101)	借		0	0	42 023.29
直接人工(500102)	借		0	0	2 380.15
制造费用(500103)	借		0	0	1 223.33
主营业务收入(6001)	贷		29 908 000.00	29 908 000.00	0
电联轴器(600101)	贷		29 908 000.00	29 908 000.00	0
甲(60010101)	贷		9 048 000.00	9 048 000.00	0
	贷	台	0	0	0
乙(60010102)	贷		12 250 000.00	12 250 000.00	0
	贷	台	0	0	0
丙(60010103)	贷		8 610 000.00	8 610 000.00	0
	贷	台	0	0	0
其他业务收入(6051)	贷		116 800.00	116 800.00	0
废钢(605101)	贷		116 800.00	116 800.00	0
主营业务成本(6401)	借		23 249 028.80	23 249 028.80	0
电联轴器(640101)	借		23 249 028.80	23 249 028.80	0
甲(64010101)	借		6 945 372.38	6 945 372.38	0
	借	台	0	0	0
乙(64010102)	借		9 497 057.92	9 497 057.92	0
	借	台	0	0	0
丙(64010103)	借		6 806 598.50	6 806 598.50	0
	借	台	0	0	0
其他业务成本(6402)	借		109 500.00	109 500.00	0
废钢(640201)	借		109 500.00	109 500.00	0
税金及附加(6403)	借		173 975.57	173 975.57	0
销售费用(6601)	借		313 366.28	313 366.28	0
管理费用(6602)	借		893 690.44	893 690.44	0
财务费用(6603)	借		751 479.00	751 479.00	0
营业外支出(6711)	借		1 328.68	1 328.68	0
所得税费用(6801)	借		1 136 693.77	1 136 693.77	0

3.客户往来期初余额表（见表3-12）

表3-12　**客户往来期初余额表**　单位:元

科目	客户	方向	借方金额	合计
应收账款	徐州东南钢铁设备厂	借方	33 508.00	167 240.00
	南昌长力钢铁股份有限公司	借方	52 356.00	
	福建三宝特钢有限公司	借方	48 712.00	
	九江恒生化纤有限公司	借方	32 664.00	

4.供应商往来期初余额表（见表3-13）

表3-13　**供应商往来期初余额表**　单位:元

科目	供应商	方向	金额	合计
应付票据——银行承兑汇票	聊城开发区奥宇钢材有限公司	贷方	266 589.00	266 589.00
应付账款	九江宝鑫物资有限公司	贷方	565 153.60	2 800 000.00
	江西赣江长梅机电设备有限公司	贷方	427 900.00	
	九江鼎恒特种钢有限公司	贷方	489 433.10	
	九江市荣圣物资贸易有限公司	贷方	712 997.60	
	杭州嘉通机械有限公司	贷方	307 755.00	
	合肥龙宇铸造有限公司	贷方	214 510.70	
	上海青山贸易有限公司	贷方	82 250.00	

5.部门往来期初余额表（见表3-14）

表3-14　**部门往来期初余额表**　单位:元

科目	部门	方向	金额
其他应收款——备用金	厂长办公室	借方	3 000.00

6.生产成本期初余额表（见表3-15）

表3-15　**生产成本期初余额表**　单位:元

科目名称	电联轴器——甲（4台）	电联轴器——乙（8台）	电联轴器——丙（6台）	合计
直接材料(500101)	7 420.66	18 376.27	16 226.36	42 023.29
直接人工(500102)	464.79	1 027.57	887.79	2 380.15
制造费用(500103)	238.89	528.13	456.31	1 223.33
废品损失(500104)				
合计	8 124.34	19 931.97	17 570.46	45 626.77

7.项目目录（见表3-16）

表3-16 **项目目录**

项目设置步骤	设置内容
项目大类	电联轴器
核算科目	直接材料(500101) 直接人工(500102) 制造费用(500103) 废品损失(500104)
项目分类	1.产品制造 2.委托加工
项目名称	101甲 102乙 103丙

8.凭证类别

企业凭证不分类，采用通用记账凭证。

（四）固定资产系统初始设置资料

1.固定资产账套启用（见表3-17）

表3-17 **固定资产参数设置**

启用时间	2019-12-01
折旧方法	平均年限法（一）
折旧汇总分配周期	一个月，当“月初已提月份=可使用月份-1”时，将剩余折旧全部提足
固定资产编码方式	资产类别编码方式：21；固定资产编码方式：类别编码+序号，采用手工输入；序号长度为“3”
对账要求	要求固定资产系统与总账进行对账；固定资产对账科目为“1601”，累计折旧对账科目为“1602”；对账不平衡的情况下不允许固定资产月末结账

2.部门对应折旧科目（见表3-18）

表3-18 **部门对应折旧科目**

部门名称	对应科目	部门名称	对应科目
厂长办公室	管理费用——折旧费	门市部	销售费用——折旧费
财务科	管理费用——折旧费	供应科	管理费用——折旧费
生产车间	制造费用——折旧费	仓库	管理费用——折旧费
销售科	销售费用——折旧费		

3.固定资产类别（见表3-19）

表3-19　　固定资产类别

类别编码	类别名称	使用年限(年)	净残值率	计提属性	折旧方法	卡片样式
01	房屋及建筑物					通用样式
011	办公楼	20	10%	正常计提	平均年限法(一)	通用样式
012	厂房	20	10%	正常计提	平均年限法(一)	通用样式
02	机器设备					通用样式
021	生产设备	10	4%	正常计提	平均年限法(一)	通用样式
022	办公设备	3	10%	正常计提	平均年限法(一)	通用样式
03	运输设备					
031	货车	8	4%	正常计提	平均年限法(一)	通用样式
032	客车	8	4%	正常计提	平均年限法(一)	通用样式
033	小轿车	8	4%	正常计提	平均年限法(一)	通用样式

4.固定资产增减方式（见表3-20）

表3-20　　固定资产增减方式

增加方式	对应入账科目	减少方式	对应入账科目
直接购入	银行存款	出售	固定资产清理
投资者投入	实收资本——某某公司	投资转出	固定资产清理
捐赠	营业外收入——捐赠所得	捐赠转出	固定资产清理
盘盈	以前年度损益调整	盘亏	待处理财产损溢——待处理固定资产损溢
在建工程转入	在建工程——基建工程	报废	固定资产清理

注:上表科目设置仅供参考，具体科目设置可以根据现行规定和企业实际情况进行调整。

5.固定资产卡片（见表3-21）

表3-21（1） **固定资产卡片**

卡片编号	001	002	003	004	005	006
固定资产编号	012001	011001	021001	021002	021003	021004
固定资产名称	生产厂房	综合办公楼	车床（CW62E/1000）	铣床（X6042A-L5H）	插床（B5032E）	摇臂钻床（I305011611）
类别编号	012	011	021	021	021	021
类别名称	厂房	办公楼	生产设备	生产设备	生产设备	生产设备
部门名称	生产车间	厂办、财务科、供应科、仓库	生产车间	生产车间	生产车间	生产车间
增加方式	投资投入（长江股份2；黄河股份1）	投资投入(长江股份)	直接购入	直接购入	直接购入	直接购入
使用状况	在用	在用	在用	在用	在用	在用
使用年限(年)	20	20	10	10	10	10
折旧方法	平均年限法(一)	平均年限法(一)	平均年限法(一)	平均年限法(一)	平均年限法(一)	平均年限法(一)
开始使用日期	2012-03-08	2012-03-08	2012-04-08	2012-04-08	2012-04-08	2012-04-08
原值(元)	18 000 000.00	500 000.00	2 800 000.00	1 130 000.00	600 000.00	580 000.00
净残值率	10%	10%	4%	4%	4%	4%
累计折旧(元)	6 210 000.00	172 500.00	2 038 400.00	822 640.00	436 800.00	422 240.00
月折旧率	0.00375	0.00375	0.008	0.008	0.008	0.008
月折旧额(元)	67 500.00	1 875.00	22 400.00	9 040.00	4 800.00	4 640.00
净值(元)	11 790 000.00	327 500.00	761 600.00	307 360.00	163 200.00	157 760.00

表 3-21（2）　　**固定资产卡片**

卡片编号	007	008	009	010	011	012
固定资产编号	021005	033001	021006	032001	031001	031002
固定资产名称	（电）高频炉	小轿车	立钻（I5150）	客车	货车	货车
类别编号	021	033	021	032	031	031
类别名称	生产设备	运输设备	生产设备	运输设备	运输设备	运输设备
部门名称	生产车间	厂长办公室	生产车间	厂长办公室	销售科	销售科
增加方式	直接购入	投资投入(黄河股份)	直接购入	投资投入(黄河股份)	投资投入(黄河股份)	投资投入(黄河股份)
使用状况	在用	在用	在用	在用	在用	在用
使用年限(年)	10	8	10	8	8	8
折旧方法	平均年限法(一)	平均年限法(一)	平均年限法(一)	平均年限法(一)	平均年限法(一)	平均年限法(一)
开始使用日期	2012-04-08	2012-05-08	2012-06-08	2012-06-08	2012-06-08	2012-07-08
原值(元)	50 000.00	220 000.00	500 000.00	150 000.00	98 000.00	100 000.00
净残值率	4%	4%	4%	4%	4%	4%
累计折旧(元)	36 400.00	198 000.00	356 000.00	133 500.00	87 220.00	76 000.00
月折旧率	0.008	0.01	0.008	0.01	0.01	0.01
月折旧额(元)	400.00	2 200.00	4 000.00	1 500.00	980.00	1 000.00
净值(元)	13 600.00	22 000.00	144 000.00	16 500.00	10 780.00	24 000.00

表 3-21（3）　　**固定资产卡片**

卡片编号	013	014	015	016	017	018
固定资产编号	021007	022001	022002	022003	022004	022005
固定资产名称	车床 CA14A/1000）	复印机	美的空调	打印机	美的空调	美的空调
类别编号	021	022	022	022	022	022
类别名称	生产设备	办公设备	办公设备	办公设备	办公设备	办公设备
部门名称	生产车间	厂长办公室	厂长办公室	财务科	财务科	销售门市部
增加方式	直接购入	直接购入	直接购入	直接购入	直接购入	直接购入
使用状况	在用	在用	在用	在用	在用	在用
使用年限(年)	10	3	3	3	3	3
折旧方法	平均年限法(一)	平均年限法(一)	平均年限法(一)	平均年限法(一)	平均年限法(一)	平均年限法(一)
开始使用日期	2014-05-05	2017-04-08	2017-04-08	2017-04-08	2017-04-08	2017-09-08
原值(元)	2 300 000.00	11 000.00	8 000.00	3 000.00	4 000.00	6 000.00
净残值率	4%	10%	10%	10%	10%	10%
累计折旧(元)	1 214 400.00	8 525.00	6 200.00	2 325.00	3 100.00	3 900.00
月折旧率	0.008	0.025	0.025	0.025	0.025	0.025
月折旧额(元)	18 400.00	275.00	200.00	75.00	100.00	150.00
净值(元)	1 085 600.00	2 475.00	1 800.00	675.00	900.00	2 100.00

（五）薪资系统初始设置资料

1.工资账套的参数

工资类别个数多个（正式职工和临时职员）；工资核算本位币为人民币；从工资中代扣个人所得税；不进行扣零设置；人员编码长度设置为“5”位；启用日期为2019年12月1日。

2.人员类别

企业的在职人员类别设置为“管理人员”“生产人员”“营销人员”。

3.工资项目（见表3-22）

表3-22 **正式职工工资项目**

工资项目名称	类型	长度	小数	增减项
基本工资	数字	12	2	增项
岗位工资	数字	12	2	增项
绩效工资	数字	12	2	增项
加班费	数字	12	2	增项
夜班补助	数字	12	2	增项
物价补助	数字	12	2	增项
病假扣款	数字	12	2	减项
事假扣款	数字	12	2	减项
住房公积金	数字	12	2	减项
养老保险	数字	12	2	减项
失业保险	数字	12	2	减项
医疗保险	数字	12	2	减项
病假天数	数字	3	1	其他
缺勤天数	数字	3	1	其他
应付工资	数字	12	2	其他
实付工资	数字	12	2	其他
应纳个税所得额	数字	12	2	其他

4.人员档案

参照基础答案在职正式人员档案（见表3-3）。

5.有关工资项目计算公式或规定

（1）事假扣款=基本工资÷30×缺勤天数；病假扣款=岗位工资÷30×病假天数。

（2）按基本工资的2%、8%、0.5%、8%计算个人应交的医疗保险、养老保险、失业保险、住房公积金。

（3）应付工资=基本工资+岗位工资+绩效工资+加班工资+夜班补贴+物价补贴-病假扣款-事假扣款。

（4）实付工资=应付工资-医疗保险-养老保险-失业保险-住房公积金-个人所得税。

（5）应纳个税所得额=应付工资-医疗保险-养老保险-失业保险-住房公积金；个人所得税应以“应纳个税所得额”为基数扣除5 000元后计税。

（六）日常业务补充资料

1. 2019年12月模拟工资数据（见表3-23）

表3-23　**2019年12月工资数据表**　单位:元

人员姓名	基本工资	岗位工资	绩效工资	加班工资	夜班补贴	物价补贴	病事假扣款	应付工资	医疗保险（2%）	养老保险（8%）	失业保险（0.5%）	住房公积金（8%）	个人所得税	病假天数	缺勤天数	实付工资
陈政均	4 000	1 000	2 400			800										
司 敏	2 500	800	2 000			800										
徐娜	3 000	1 000	2 300			800										
史慧	2 500	800	2 100			800										
丁宁	2 500	600	1 975			800										
熊浩	3 200	740	2 150			800										
王必伟	2 800	700	2 100			800										
周文华	9 600	900	2 125	250	250	800										
陈凯	8 750	800	2 125	750	250	800										
陈雪瑞	8 850	800	2 125		250	800										
杨一帆	8 600	800	2 125		250	800										
丁文建	3 850	300	2 125		250	800										
赵慧	9 600	900	2 125	250	250	800										
包沁怡	8 750	800	2 125	750	250	800										
李彬彬	8 850	800	2 125		250	800										
宁志敏	8 600	800	2 125		250	800										
胡兰巧	3 850	300	2 125		250	800										
周光荣	9 600	900	2 125	250	250	800										
高开	8 750	800	2 125	750	250	800										
汪春凌	8 850	800	2 125		250	800										
李兰	8 600	800	2 125		250	800										
万华	3 850	300	2 125		250	800										
彭然	3 250	240	2 250			800										
陶杰斌	2 750	700	2 250			800										
刘冬冬	3 000	720	2 125			800										
王欣	3 000	740	2 250			800										
徐花花	2 500	700	2 000			800										
筱年	2 500	720	2 125			800										

2.工资计提标准及分摊设置

按基本工资的10%、20%、1.5%、8%计算单位应缴纳的医疗保险、养老保险、失业保险、住房公积金。

3.部分分摊构成设置（见表3-24和表3-25）

表3-24 “应付职工薪酬”设置内容

部门名称	人员类别	项目	借方科目	贷方科目
厂长办公室	管理人员	应付工资	管理费用——工资	应付职工薪酬——工资
财务科	管理人员	应付工资	管理费用——工资	
生产车间	生产人员	应付工资	生产成本——直接人工	
生产车间	管理人员	应付工资	制造费用——工资	
销售科	营销人员	应付工资	销售费用——工资	
门市部	营销人员	应付工资	销售费用——工资	
供应科	管理人员	应付工资	管理费用——工资	
仓库	管理人员	应付工资	管理费用——工资	

表3-25 “福利费”设置内容

部门名称	人员类别	项目	借方科目	贷方科目
厂长办公室	管理人员	应付工资	管理费用——福利费	应付职工薪酬——福利费
财务科	管理人员	应付工资	管理费用——福利费	
生产车间	生产人员	应付工资	生产成本——直接人工	
生产车间	管理人员	应付工资	制造费用——福利费	
销售科	营销人员	应付工资	销售费用——福利费	
门市部	营销人员	应付工资	销售费用——福利费	
供应科	管理人员	应付工资	管理费用——福利费	
仓库	管理人员	应付工资	管理费用——福利费	

三、模拟实训要求

1.建立九江市盟祥联轴器有限公司账套。

2.设置操作员并赋予相应权限。

3.输入基础档案、完成总账系统、固定资产系统、薪资系统初始设置。

4.根据原始凭证和日常业务资料，利用财务软件，生成记账凭证。有关固定资产和薪资业务的凭证必须在各业务子系统处理完成，并向总账系统传递。

5.完成记账凭证的审核、记账。

6.编制九江市盟祥联轴器有限公司2019年度资产负债表和利润表。

附录　企业会计实训参考答案

一、经济业务处理

业务序号	总分类科目	明细分类科目	借方金额	贷方金额	备注
1	管理费用 应交税费 　　库存现金	办公费 应交增值税（进项税额） 	1 061.95 138.05 	 1 200.00	
2	库存现金 　　银行存款 其他应收款 　　库存现金	 徐花花 	2 000.00 1 000.00 	 2 000.00 1 000.00	
3	暂不做业务				
4	原材料 应交税费 财务费用 　　银行存款 　　应付账款	铸件 应交增值税（进项税额） 手续费 烟台海盛	653 600.00 84 744.00 50.00 	 732 774.00 5 620.00	
5	库存现金 管理费用 应交税费 　　其他应收款	 差旅费 应交增值税（进项税额） 徐花花	78.00 883.10 38.90 	 1 000.00	途中伙食补贴100元/天
6	银行存款 　　主营业务收入 　　应交税费	 电联轴器甲 电联轴器乙 电联轴器丙 应交增值税（销项税额）	2 960 600.00 	 1 160 000.00 1 050 000.00 410 000.00 340 600.00	销售成本期末结转
7	暂不做业务				
8	原材料 应交税费 财务费用 　　银行存款 　　应付账款	钢材 铁板 应交增值税（进项税额） 手续费 上海青山	550 393.50 499 106.50 136 107.00 70.00 	 1 177 477.00 8 200.00	

续表

业务序号	总分类科目	明细分类科目	借方金额	贷方金额	备注
9	暂不做业务				
10	长期应付款	应付融资租赁费	11 000.00		
	银行存款			11 000.00	
11	库存现金		556.00		
	营业外收入	罚没收入		556.00	
12	应收账款	青岛鹏程贸易公司	3 231 800.00		销售成本期末结转
	主营业务入	电联轴器甲		580 000.00	
		电联轴器乙		1 050 000.00	
		电联轴器丙		1 230 000.00	
	应交税费	应交增值税（销项税额）		371 800.00	
13	管理费用	招待费	280.00		
	库存现金			280.00	
14	应交税费	未交增值税	187 306.16		
		应交城市维护建设税	13 111.43		
		应交教育费附加	5 619.18		
		应交个人所得税	813.00		
	银行存款			206 849.77	
15	管理费用	油费	353.98		
	应交税费	应交增值税（进项税额）	46.02		
	库存现金			400.00	
16	无形资产	专有技术	28 000.00		
	银行存款			28 000.00	
17	管理费用	修理费	10 000.00		
	应交税费	应交增值税（进项税额）	1 300.00		
	银行存款			11 300.00	
18	原材料	电机甲	87 900.00		
		电机乙	223 500.00		
		电机丙	187 340.00		
	应交税费	应交增值税（进项税额）	64 704.20		
	银行存款			559 781.20	
	应付账款	威海凤翔		3 663.00	
19	周转材料	昆仑抗磨液压油	1 829.06		
		线切割乳化液	1 880.34		
	应交税费	应交增值税（进项税额）	482.22		
	银行存款			4 191.62	
20	待处理财产损溢	待处理流动资产损溢	452.00		
	周转材料	包装箱		400.00	
	应交税费	应交增值税（进项税额转出）		52.00	
21	应付职工薪酬	工资	231 177.53		
	银行存款			231 177.53	
	应付职工薪酬	工资	34 832.47		
	其他应付款	医疗保险费		3 129.00	
		养老保险费		12 516.00	
		失业保险费		782.25	
		住房公积金		12 516.00	
	应交税费	应交个人所得税		5 889.22	

续表

业务序号	总分类科目	明细分类科目	借方金额	贷方金额	备注
22	管理费用	保险费	10 000.00		
	应交税费	应交增值税（进项税额）	600.00		
	银行存款			10 600.00	
23	营业外支出	罚没支出	3 000.00		
	银行存款			3 000.00	
24	应付职工薪酬	住房公积金	12 600.00		
	其他应付款	住房公积金	12 600.00		
	银行存款			25 200.00	
	应付职工薪酬	医疗保险	15 750.00		
		养老保险	31 500.00		
		失业保险	2 362.50		
	其他应付款	医疗保险费	3 150.00		
		养老保险费	12 600.00		
		失业保险费	787.50		
	银行存款			66 150.00	
25	暂不做业务				
26	销售费用	广告费	7 500.00		
	银行存款			7 500.00	
27	财务费用	手续费	100.00		
	银行存款			100.00	
28	银行存款		3 140 400.00		
	应收账款	青岛鹏程贸易公司		3 140 400.00	
29	管理费用	电话费	1 200.00		
	应交税费	应交增值税（进项税额）	108.00		
	库存现金			1 308.00	
30	管理费用	报刊费	288.00		
	库存现金			288.00	
31	管理费用	存货盘亏	452.00		
	待处理财产损溢	待处理流动资产损溢		452.00	
32	原材料	废钢	15 300.00		
	生产成本	基本生产成本			
		——电联轴器甲		4 500.00	
		——电联轴器乙		6 000.00	
		——电联轴器丙		4 500.00	
	废品损失	电联轴器甲		300.00	
	废品损失	电联轴器甲	730.62		
	原材料	钢材		730.62	
	生产成本	基本生产成本			
		——电联轴器甲（废品损失）	430.62		
	废品损失			430.62	

续表

业务序号	总分类科目	明细分类科目	借方金额	贷方金额	备注
33	生产成本	基本生产成本			结合第3、7、9和25笔业务计算
		——电联轴器甲	644 995.34		
		——电联轴器乙	906 113.99		
		——电联轴器丙	647 519.67		
	原材料	钢材		534 081.19	
		铁板		481 918.47	
		电机甲		87 540.39	
		电机乙		223 133.32	
		电机丙		186 973.34	
		铸件		684 982.29	
	制造费用	周转材料	8 814.84		
	管理费用	管理用具	800.00		
	销售费用		4 760.00		
	周转材料	低值易耗品			
		——昆仑液压油		1 829.06	
		——线切割乳化液		188.04	
		——工具		2 317.74	
		——工作服		8 640.00	
		——管理用具		800.00	
		包装物——包装箱		600.00	
34	库存现金		18 080.00		
	其他业务收入	废钢		16 000.00	
	应交税费	应交增值税（销项税额）		2 080.00	
	其他业务成本		15 000.00		
	原材料	废钢		15 000.00	
	银行存款		18 080.00		
	库存现金			18 080.00	
35	生产成本	基本生产成本			工会经费及职工教育经费不计提，不超过标准部分据实扣除
		——电联轴器甲	57 720.00		
		——电联轴器乙	72 150.00		
		——电联轴器丙	50 505.00		
	制造费用		13 290.00		
	管理费用		52 410.00		
	销售费用		19 935.00		
	应付职工薪酬	工资		266 010.00	

续表

业务序号	总分类科目	明细分类科目	借方金额	贷方金额	备注
35	生产成本	基本生产成本			
		——电联轴器甲	15 035.28		
		——电联轴器乙	18 794.10		
		——电联轴器丙	13 155.87		
	制造费用		2 370.00		
	管理费用		8 887.50		
	销售费用		3 555.00		
	应付职工薪酬	医疗保险		15 645.00	
		养老保险		31 290.00	
		失业保险		2 346.75	
		住房公积金		12 516.00	
36	制造费用	折旧费	131 180.00		
	管理费用	折旧费	6 225.00		
	销售费用	折旧费	2 130.00		
	累计折旧			139 535.00	
37	管理费用	无形资产摊销	25 233.33		
	累计摊销			25 233.33	
38	生产成本	基本生产成本			
		——电联轴器甲	14 399.04		
		——电联轴器乙	17 998.80		
		——电联轴器丙	12 597.66		
	制造费用		555.50		
	管理费用		279.05		
	销售费用		166.65		
	应交税费	应交增值税（进项税额）	5 979.59		
	银行存款			51 976.27	
39	制造费用		560.00		
	管理费用		840.00		
	应交税费	应交增值税（进项税额）	126.00		
	银行存款			1 526.00	
40	应付职工薪酬	福利费	32 400.00		
	应付账款	九江长海饭店		32 400.00	
	生产成本	基本生产成本			
		——电联轴器甲	7 290.00		
		——电联轴器乙	7 290.00		
		——电联轴器丙	7 290.00		
	制造费用		1 620.00		
	管理费用		6 480.00		
	销售费用		2 430.00		
	应付职工薪酬	福利费		32 400.00	

续表

业务序号	总分类科目	明细分类科目	借方金额	贷方金额	备注
41	生产成本	基本生产成本			
		——电联轴器甲	50 685.12		
		——电联轴器乙	63 356.40		
		——电联轴器丙	44 348.82		
	制造费用			158 390.34	
42	库存商品	电联轴器甲	790 104.86		
		电联轴器乙	1 084 786.22		
		电联轴器丙	770 812.73		
	生产成本	基本生产成本			
		——电联轴器甲		790 104.86	
		——电联轴器乙		1 084 786.22	
		——电联轴器丙		770 812.73	
43	主营业务成本	电联轴器甲	1 310 558.58		
		电联轴器乙	1 664 136.66		
		电联轴器丙	1 370 978.72		
	库存商品	电联轴器甲		1 310 558.58	
		电联轴器乙		1 664 136.66	
		电联轴器丙		1 370 978.72	
44	税金及附加		42 015.80		
	应交税费	应交城市维护建设税		29 411.06	
		应交教育费附加		12 604.74	
45	银行存款		20 081.25		
	财务费用	利息费用		20 081.25	
46	应付利息		126 000.00		
	财务费用		63 000.00		
	银行存款			189 000.00	
47	信用减值损失		457.00		
	坏账准备			457.00	
48	资产减值损失		17 600.00		
	存货跌价准备			17 600.00	
49	资产减值损失		13 000.00		
	固定资产减值准备			13 000.00	
50	资产减值损失		2 800.00		
	无形资产减值准备			2 800.00	
51	销售费用	产品质量保证	65 760.00		
	预计负债	产品质量保证		65 760.00	
52	税金及附加		15 235.00		
	应交税费	应交房产税		14 800.00	
		应交车船税		185.00	
		应交城镇土地使用税		250.00	
	税金及附加		400.00		
	库存现金			400.00	

续表

业务序号	总分类科目	明细分类科目	借方金额	贷方金额	备注
53	应交税费 　　应交税费	应交增值税（转出未交增值税） 未交增值税	420 158.04	 420 158.04	
54 ①	主营业务收入 其他业务收入 营业外收入 　　本年利润		5 480 000.00 16 000.00 556.00	 5 496 556.00	永久性差异与第23笔业务有关，暂时性差异与第47～51笔业务有关
②	本年利润 　　主营业务成本 　　其他业务成本 　　营业外支出 　　税金及附加 　　销售费用 　　管理费用 　　财务费用 　　资产减值损失 　　信用减值损失		4 730 231.07	 4 345 673.96 15 000.00 3 000.00 57 650.80 106 236.65 125 673.91 43 138.75 33 400.00 457.00	
③	所得税费用 递延所得税资产 　　应交税费	 应交所得税	188 745.27 24 904.25	 213 649.52	
④	本年利润 　　所得税费用		188 745.27	 188 745.27	
⑤	本年利润 　　利润分配	 未分配利润	3 973 317.12	 3 973 317.12	
55 ①	利润分配 　　盈余公积 　　应付股利	提取法定盈余公积 提取任意盈余公积 应付股利 法定盈余公积 任意盈余公积	397 331.71 198 665.86 1 191 995.14	 397 664.71 198 665.86 1 191 995.14	
②	利润分配 　　利润分配	未分配利润 提取法定盈余公积 提取任意盈余公积 应付股利	1 787 992.71	 397 331.71 198 665.86 1 191 995.14	

二、企业财务报表

资产负债表（简）

会企01表

编制单位：九江市盟祥联轴器有限公司　　2019年12月31日　　单位：元

资产	期末余额	年初余额	负债和所有者权益	期末余额	年初余额
流动资产：			流动负债：		
货币资金	8 612 644.18	2 382 215.08	短期借款		1 000 000.00
交易性金融资产			交易性金融负债		
应收票据			应付票据	266 589.00	700 000.00
应收账款	257 346.80	2 804 750.00	应付账款	2 849 883.00	2 800 000.00
预付款项			预收款项		
其他应收款	3 000.00	3 000.00	应付职工薪酬	140 987.75	62 212.50
存货	4 739 237.03	4 093 759.00	应交税费	997 561.06	479 165.08
持有待售资产			其他应付款	1 220 938.39	29 137.50
一年内到期的非流动资产			持有待售负债		
其他流动资产			一年内到期的非流动负债		
流动资产合计	13 612 228.01	9 283 724.08	其他流动负债		
非流动资产：			流动负债合计	5 475 959.20	5 070 515.08
可供出售金融资产			非流动负债：		
持有至到期投资			长期借款	9 000 000.00	9 000 000.00
长期应收款			应付债券		
长期股权投资	13 000 000.00	13 000 000.00	长期应付款	(11 000.00)	
投资性房地产			预计负债	65 760.00	
固定资产	14 679 315.00	24 501 820.00	递延所得税负债		
在建工程			其他非流动负债		
生产性生物资产			非流动负债合计	9 054 760.00	9 000 000.00
油气资产			负债合计	14 530 719.20	14 070 515.08
无形资产	2 184 966.67	2 460 000.00	所有者权益（或股东权益）：		
开发支出			实收资本（或股本）	21 000 000.00	30 000 000.00
商誉			资本公积	310 000.00	310 000.00
长期待摊费用			其他综合收益		
递延所得税资产	24 904.25		盈余公积	1 105 997.57	510 000.00
其他非流动资产			未分配利润	6 554 697.16	4 355 029.00
非流动资产合计	29 889 185.92	39 961 820.00	所有者权益（或股东权益）合计	28 970 694.73	35 175 029.00
资产总计	43 501 413.93	49 245 544.08	负债和所有者权益（或股东权益）总计	43 501 413.93	49 245 544.08

（月报） **利润表** 会企02表

编制单位：九江市盟祥联轴器有限公司 2019年12月 单位：元

项　目	本月金额	本年累计数
一、营业收入	5 496 000.00	35 520 800.00
减：营业成本	4 360 673.96	27 719 202.76
税金及附加	57 650.80	231 626.37
销售费用	106 236.65	419 602.93
管理费用	125 673.91	1 019 364.35
研发费用		
财务费用	43 138.75	794 617.75
其中：利息费用	63 220.00	
利息收入	20 081.25	
加：其他收益		
投资收益（损失以“-”号填列）		
其中：对联营企业和合营企业的投资收益		
净敞口套期收益（损失以“-”号填列）		
公允价值变动收益（损失以“-”号填列）		
减：资产减值损失	33 400.00	33 400.00
信用减值损失	457.00	457.00
资产处置收益（损失以“-”号填列）		
二、营业利润（亏损以“-”号填列）	768 768.93	5 302 528.84
加：营业外收入	556.00	556.00
减：营业外支出	3 000.00	4 328.68
三、利润总额（亏损总额以“-”号填列）	766 324.93	5 298 756.16
减：所得税费用	188 745.27	1 325 439.04
四、净利润（净亏损以“-”号填列）	577 579.66	3 973 317.12
（一）持续经营净利润（净亏损以“-”号填列）		
（二）终止经营净利润（净亏损以“-”号填列）		
五、其他综合收益的税后净额		
（一）不能重分类进损益的其他综合收益		
1.重新计量设定受益计划变动额		
2.权益法下不能转损益的其他综合收益		
3.其他权益工具投资公允价值变动		
4.企业自身信用风险公允价值变动		
⋮		
（二）将重分类进损益的其他综合收益		
1.权益法下可转损益的其他综合收益		
2.其他债权投资公允价值变动		
3.金融资产重分类计入其他综合收益的金额		
4.其他债权投资信用减值准备		
5.现金流量套期储备		
6.外币财务报表这算差额		
⋮		
六、综合收益总额		
七、每股收益		
（一）基本每股收益		
（二）稀释每股收益		

单位负责人： 财务负责人： 复核： 制表：

（年报）　　　　　　　　　　　　**利润表**　　　　　　　　　　　　会企03表

编制单位：九江市盟祥联轴器有限公司　　2019年　　　　　　单位：元

项　目	本期金额	上期金额
一、营业收入	35 520 800.00	3 042 782.40
减：营业成本	27 719 202.76	2 379 891.58
税金及附加	231 626.37	16 821.28
销售费用	419 602.93	20 889.95
管理费用	1 019 364.35	81 071.91
研发费用		
财务费用	794 617.75	42 138.78
其中：利息费用		
利息收入		
加：其他收益		3 561.25
投资收益（损失以“-”号填列）		
其中：对联营企业和合营企业的投资收益		
净敞口套期收益（损失以“-”号填列）		
公允价值变动收益（损失以“-”号填列）		
减：资产减值损失	33 400.00	
信用减值损失	457.00	
资产处置收益（损失以“-”号填列）		
二、营业利润（亏损以“-”号填列）	5 302 528.84	498 407.65
加：营业外收入	556.00	
减：营业外支出	4 328.68	
三、利润总额（亏损总额以“-”号填列）	5 298 756.16	498 407.65
减：所得税费用	1 325 439.04	124 601.91
四、净利润（净亏损以“-”号填列）	3 973 317.12	373 805.74
（一）持续经营净利润（净亏损以“-”号填列）		
（二）终止经营净利润（净亏损以“-”号填列）		
五、其他综合收益的税后净额		
（一）不能重分类进损益的其他综合收益		
1.重新计量设定受益计划变动额		
2.权益法下不能转损益的其他综合收益		
3.其他权益工具投资公允价值变动		
4.企业自身信用风险公允价值变动		
⋮		
（二）将重分类进损益的其他综合收益		
1.权益法下可转损益的其他综合收益		
2.其他债权投资公允价值变动		
3.金融资产重分类计入其他综合收益的金额		
4.其他债权投资信用减值准备		
5.现金流量套期储备		
6.外币财务报表这算差额		
⋮		
六、综合收益总额		
七、每股收益		
（一）基本每股收益		
（二）稀释每股收益		

单位负责人：　　　财务负责人：　　　复核：　　　制表：